はじめての日本美術史

はじめに

　「美術館に集合」というとなぜかみんな、いつもより気合を入れてくる。スニーカーが革靴になっていたり、ジーンズの人がスカートをはいていたり。つられて私もジャケットなどを着て行ったりして、しまったと思う。かしこまってガラスケースに納まった展示品とご対面していると、だんだん肩が凝ってしんどくなって、まあどうでもいいや、となってしまうからだ。

　憧れの作品に逢いたいからと、張り切ってお洒落をするのも素敵だけれども、気負わずにふだん着で行ったほうが得だ。この仏像、ちゃんと手相があるとか、あの釈迦像の耳たぶ、ピアスの穴が開いているとか（若い頃、耳飾りを付けていた名残りなのだ）、あんなところにタンポポが描いてあるとか、顔よりも後れ毛が色っぽいとか、自分の目で小さな発見ができるからである。そんな出会いをした作品は、ちょっと忘れられない。

　写真図版だって同じこと、名作かどうかなんて先入観を持たずに、おかしなことはおかしなままで、納得できないことは納得できないままでいいから、素のままの好奇心で、まじまじと見つめるほうがいい。

　ここに登場する日本美術の写真には、一度は目にしたものが多いのではないか。国宝や重要文化財に指定され、教科書にもカラー図版で載っているものばかりだからだ。しかし有名だからといって感動できるわけではないし、いくら見ても親しみが湧くとは限らない。なかにはこんなものになぜ価値があるのか、判らないことさえある。だからといって、日本美術を見るのはつまらない、というのはまだ早い。別の楽しみ方もあるのだから。

　別に感動などしなくてもいい、親しみなんて持たなくていいけ

れども、ちょっと想像してみたい。どんなに素晴らしいものでも、どれほど突拍子もないものでも、誰かのために人の手で作りだされたものだ。それがなぜそんな風に作られたのか、何のために、どのようにして作られたのか、一体どのように使われていたのか、知りたくならないだろうか。

たとえ今はガラスケースの中に飾られて、煌々とスポットライトを浴びている「名品」でも、もとは別の場所で違う扱いを受けていたのだ。仏像ならば、暗いお堂の中でほのかに灯に照らし出される、祈りの対象であっただろうし、絵巻ならば手に取って、絵具が剝げるほど何度も巻き戻して、眺められていたのである。豪華な金地の屏風ならば、宴席の場を盛り上げる背景となったこともあったかもしれないし、浮世絵の美人画ならば若い娘の手に握りしめられて「こんな髪形にしてください」と、髪結いさんに差し出されたかもしれない。

それが親しみの持てないもの、訳のわからない表現であるものほど、なぜそのように作られたのか、理由が判った時は面白い。ひとつのものを通じて、突撃インタビューをしたように、作られた当時の注文主や作者や持ち主の気持ちに直に触れられた、という気がするからだ。

そのように、ものを通してそれを作った人の気配と、作られた時代の空気を体感して、好き嫌いは別としても日本美術の中に一つ二つと顔なじみが増えてゆくとすれば、それもちょっと楽しいのではないだろうか。

この本が、あなたと日本美術を結ぶそんなきっかけになれば、幸いである。

はじめての日本美術史　目次

はじめに ……………………………………………………………… 002

見えない神 ―仏教伝来以前― ……………………………………… 008

インドにもあった無仏像の時代 …………………………………… 010

飛鳥・奈良時代（6〜8世紀）

釈迦三尊像　聖徳太子をめぐるふたつの銘文 …………………… 012
百済観音像　どうしてほっそり …………………………………… 016
玉虫厨子　釈迦の前世 ……………………………………………… 020
菩薩半跏像（伝如意輪観音）　菩薩の化身、聖徳太子 …………… 024
阿弥陀三尊像（伝橘夫人念持仏）　愛らしい白鳳仏 ……………… 028
薬師三尊像　肉体派の仏像が東アジアを席巻する ……………… 032
高松塚古墳壁画　どうしてそんなに大騒ぎ ……………………… 036
阿修羅像　阿修羅の中身 …………………………………………… 040
不空羂索観音像　日光・月光菩薩像 ……………………………… 044
鳥毛立女屏風　豊満型美人のルーツ ……………………………… 048
如来・菩薩・天 ……………………………………………………… 052

平安時代（9〜12世紀）

釈迦如来坐像　木彫仏像と鑑真 054
如意輪観音菩薩像　変身する超人、大日如来 058
僧形八幡神坐像　見えない神から見える神へ 062
西院本（伝真言院）曼荼羅　二幅で一対／両界曼荼羅と当麻曼荼羅 066
阿弥陀如来坐像　末法思想と阿弥陀 072
阿弥陀聖衆来迎図　迎えにさえ来てもらえれば 076
中尊寺金色堂　浄土のジオラマ 080
源氏物語絵巻　引目鉤鼻の理由 084
信貴山縁起絵巻　絵巻の12世紀 088

絵巻 092

鎌倉・室町時代（13〜16世紀）

金剛力士立像　速い・安い・上手い 094
毘沙門天立像　運慶と快慶 098
明恵上人樹上坐禅像　華厳縁起 102
蒙古襲来絵詞　目立ってナンボ 106
一遍上人絵伝（一遍聖絵）　旅する絵巻 110
瓢鮎図　水墨画という新技術 114
秋冬山水図　48歳からの学び直し 118
四季花鳥図　何でも描ける狩野派 122

掛軸 126

安土桃山時代（16～17世紀）

洛中洛外図屏風（上杉本）　洛中洛外図屏風の注文主 ………… 128
南蛮屏風　南蛮屏風の別の面 ………… 132
唐獅子図屏風　戦国の絵師、狩野永徳 ………… 136
桜図　ライバル長谷川派 ………… 140
屏風 ………… 144

江戸時代（17～19世紀）

彦根屏風　どうして風俗画が流行ったか ………… 146
紅白梅図屏風　こんな絵を描いた光琳は ………… 150
動植綵絵　若冲の別の面 ………… 154
十便十宜図　大人のための絵 ………… 158
ポッピンを吹く娘（ビードロを吹く娘）　浮世絵なんて ………… 162
三代目大谷鬼次の江戸兵衛　写楽の謎 ………… 166
冨嶽三十六景　長寿で奇人、葛飾北斎 ………… 170
東海道五十三次　どうして風景画が ………… 174
彫師と摺師 ………… 178

明治時代から（19世紀〜）

悲母観音　伝統と西洋文化の狭間で……………………… 180
鮭　西洋画へのアプローチ………………………………… 184
読書　ミレー好きと印象派好き…………………………… 188
黒き猫　日本画の青春、五浦時代………………………… 192
麗子微笑　油絵と日本美人………………………………… 196
『ブラック・ジャック』　マンガと絵巻………………… 200

近代日本に影響を与えた西洋の画派……………………… 204
提供・協力者一覧……………………………………………… 205
美術館で会えなくても………………………………………… 206

見えない神 —仏教伝来以前—

　古代日本の美術には、礼拝対象となる神の像がない。もちろん土偶はある。ほとんどが女性の姿を思わせる、不思議な形をしている。けれどもほとんどが、人為的に割られた状態で出土しているのだ。恐らくは神を一時的に憑依させる御幣や、身代りの形代や流し雛のような役割だったのであろう。埴輪の造形も素朴で愛らしいけれども、死者のために作られたもので拝むためのものではない。
　かつての日本では、神々は姿が見えないものと考えられていたらしい。姿が見えないので、人々は神々の坐すという山や島や滝などの霊地や、神が憑いた鏡や剣や御幣を拝してきた。古代から大和の三輪山の神を祀る大神神社では、今でも拝殿の御簾の奥には何もない。建物は山に向かって開か

れていて、直接、三輪山を拝むのである。そんな時代、たとえ神が人の前に姿を現わしても、神の姿を見てはならないとされていた。

『日本書紀』には、三輪山の神である大物主が人間の娘を見初めて通う話がある。夜のみ来て顔を見せないので、娘が顔を見たいと願うと「明日の朝、櫛の箱に入っているが、けっして驚くな」という。翌朝、櫛の箱を開けると蛇がいるので（この神の正体は蛇だったわけだ）思わず娘が悲鳴を上げると、神は「叫んだな、お前は私に恥をかかせた」と怒って去り、後悔した娘は箸で陰を撞いて死んでしまったという、箸墓の由来である。

似た話は少なくない。鶴女房や雪女の話では、人が相手の本当の姿を見てしまったら、人が死ぬか、相手に去られてしまう。鶴も雪女も、かつては神だったのであろう。昔話を持ち出すまでもない。今だって、初詣に行っても社殿の奥を何が祀られているかと覗くことはないし、お守りを買っても錦の袋を開けて中身を見ることはしない。見ると罰が当たる、そこまでゆかなくてもご利益がなくなるような気がしてしまうのだ。

神を見てはならないのだから、神の姿を造形するなんて、とんでもない。そうして神々を人の姿に表すことのなかった古代の日本人にとって、人の姿で目に見える仏像が伝来したことは、どれほど衝撃的だったであろうか。百済から贈られた仏像を前に、欽明天皇は群臣を集めて「日本の神々なら顔を見れば罰が当たるだろうが、仏像は姿形もはっきり見える。こんなものは今までなかった、拝んでも大丈夫だろうか」と問うのである。

見えない神から見える仏へという、これほど重大な発想の転換が、そう簡単にできるわけがない。実際、仏教容認派の蘇我氏と、神々を祀ってきた中臣氏や物部氏の廃仏派とが対立し、崇仏論争は数十年に及ぶことになったのである。

インドにもあった無仏像の時代

　神の姿を表わさないのは古代日本だけではない。ユダヤ教やイスラム教では現在も、神の姿を描くことは禁じられている。キリスト教でもかつて、神やキリストを描くことを禁止する偶像破壊運動（イコノクラスム）が起こったことがある。

　仏像の本国インドでも、古くは神のように尊いものを造形してはならないとされていたようだ。釈迦は実在の人間であったけれども、悟りを開いて尊い存在になったとして、死後も長い間、釈迦の像は作られなかった。けっして作る技術がなかったわけではない。そのことは釈迦の生涯を表した紀元前のレリーフに、父母や弟子たちから仏敵までもが人の姿で彫られていることからもわかる。それにもかかわらず釈迦だけは人の姿でなく、まるで透明人間のような足跡や、菩提樹や、法輪のようなシンボルマークで表現されているのである。

　ようやく釈迦が人の姿で表されるようになったのは紀元2世紀頃、神々を人の姿でリアルに表現するギリシャ・ローマ彫刻の影響があったとされる。釈迦の死から500年ほど後のこと、あまりに時間が経ち過ぎていたので生前の釈迦がどのような姿であったかはもう判らない。そこでギリシャ・ローマ彫刻をお手本として、波打つ髪に彫りの深い西洋人顔の、ガンダーラ仏と呼ばれる仏像が造られた。

ガンダーラ仏
（メトロポリタン美術館）

　本物の姿が判らないので想像はどんどんふくらみ、釈迦の背丈は一丈六尺（約4.8メートル）とまで伸長される。肌は金色、髪は紺青、全身から四方に光を発し（光背のことだ）と、釈迦像には三十二相と呼ばれる超人的な特徴が次々と付加されて、現在ある仏像のような、釈迦のイメージが作り上げられていったのである。

飛鳥・奈良時代（6〜8世紀）
…すべてはまねから

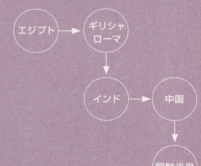

最初に断っておくが、飛鳥・奈良時代の美術では、やたら朝鮮半島や中国の模倣が出てくる。従来なかった仏教文化を必死に追いかけたのだから、仕方ない。しかし、なんだコピーか、日本美術なんてオリジナリティがないからつまらないと諦めるのはまだ早い。どんな文化も、まねから始まるのだから。

重要なのは、何をまねたのかである。手本を源流へと遡ってゆけば、文化のネットワークをたどれるのが面白い。飛鳥時代の手本となった朝鮮半島の仏像は、中国の北魏や梁の模倣だが、その中国の仏教はインドから伝わった。起源のはずのインドの仏像は、ギリシャ・ローマ彫刻をまねて形作られ、その手本のギリシャの彫刻も、遡ればエジプト彫刻に倣ったものなのだから。

釈迦三尊像

釈迦三尊像
しゃかさんぞんぞう

推古31年（623）　鞍作止利　国宝
　　　　　　　　　くらつくりのとり

法隆寺（金堂）

　飛鳥時代の止利派の代表作である。細面の顔に、ぱっちりした杏仁形の目、唇の両端がきゅっと上がった古拙の微笑（アルカイックスマイル）、細身の体に厚手の衣を着重ね、衣の裾を広げて台座から下に垂らした裳懸座である。等身大の金銅（銅に金メッキ）製で、両側の脇侍や光背も定規で計ったようにかっきり左右対称で、正面観が重視されている。つまり正面から見ると立派だが、横から見ると意外に薄っぺらで、実は左右の脇侍などは前面しかなく、背中は作られていないのだ。

　これらの特徴は中国北朝の北魏という国の仏像に始まるので、北魏様式と呼ばれる。北魏では石窟寺院の壁に仏像を浮彫で表わすことが多かったので、正面観が強いのはそのためであろう。当時の朝鮮半島の仏像も北魏様式であることから、このタイプの像が日本に伝来した経路が想像できる。

　たしかに歴史上の貴重な作品である。けれども修学旅行でこの像を見て、密かにがっかりした人もいるのではないか。モデルの釈迦はインドの実在の人だというのに、どうも人間らしくないし、ちっともリアルじゃない。これが凄いというのなら、日本美術の良さなんてわからない、と。

　しかし制作された時代に求められていたのが、人間らしさや写実性だったとは限らない。もしかすると飛鳥時代の人々は、現代の我々がウルトラマンに熱狂するように、仏像が金色に輝く超人的で非現実的な姿であるからこそ、遠い国から伝わった仏教の教主に畏敬の念を抱いたのかもしれない。

■聖徳太子をめぐるふたつの銘文

　この釈迦三尊像は、聖徳太子（厩戸皇子）にまつわる、ちょっと切ない来歴が知られている。像の光背（後光）の裏には196字の銘文が彫りつけられ、なぜこの像が造られることになったのか、そしてその後どうなったのか、ついでに誰が作ったのかまでも、詳しく語られているからだ。

　銘文の大意は、推古29年（621）12月に聖徳太子の母、穴穂部間人皇后が亡くなり、翌年（622）1月に聖徳太子と妃の膳部菩岐々美郎女が病の床に伏した。これを憂えた他の妃と王子たちと諸臣は、病気が治り寿命が延びるように、もしもそれが叶わないときは浄土への速やかな成仏を、と祈願するために、太子等身の釈迦像の造立を志した。しかし2月21日に妃が亡くなり、翌日に太子も逝去してしまったので、その成仏を期して翌年（623）3月に完成させた、造ったのは司馬鞍首止利仏師、とある。

　病気平癒のための釈迦像建立という祈願も空しく、聖徳太子と妃は亡くなってしまい、目的をその成仏のためとして、完成させたのである。

　それにしてもこの銘文によれば、太子と妃の膳部菩岐々美郎女は、ずいぶん仲睦まじかったらしい。1月に太子が病に倒れると、妃も並んで床に伏してしまう。看病疲れからか、あるいは病気が伝染したのだろうか。2月に妃が死ぬと、翌日には太子も死んでしまう。まるで後を追ったかのようである。実際、太子の墓とされる磯長墓（叡福寺北古墳）内には3基の棺があり、太子の母と太子と妃の膳部菩岐々美郎女を合葬したものと考えられている。

　けれどもこの死なれ方は、残された他の妃にとってかなり辛いことだったのではないだろうか。そこで、もう一人の妃である橘大郎女は、天寿国繍帳なるものを作らせている。繍帳とは刺繍を施したカーテンか幕のようなもので、そこには銘文も刺繍で縫われていた。この繍帳は一部の断片をつなぎ合わせたものが中宮寺に現存し、銘文も記録されて伝わっている。

　その銘文には、太子の母と聖徳太子が亡くなったこと、太子の生前の言からきっと天寿国に往生しているであろうこと、妃の橘大郎女が、せめてそ

の国の様子を目に見える形にしたい、と願って作らせたことが記されている。ちなみにこちらの銘文には、死んだもう一人の妃、膳部菩岐々美郎女のことは全く出てこない。

　今に伝わるふたつの銘文からは、それぞれの妃の太子に対する思いと、そしておそらくは互いに張り合っていたのだろうな、という緊張感もほの見える。天寿国繡帳は太子信仰の盛んになった鎌倉時代に、中宮寺の尼僧によって法隆寺の綱封蔵から再発見され、中宮寺の宝物となった。たとえ断片であるにしても、繡帳のように脆弱なものが残され伝えられてきたのは、敬愛する太子に死なれた橘大郎女の思いに、どこかで共鳴する人々がいたためかもしれない。

古拙の微笑（アルカイックスマイル）

唇の両端を上げて、ニッと笑った口元の形である。古代ギリシャ彫刻の初期の特徴とされるのだが、なぜかこの微笑は世界各地で、作り初められた時期の人体像に見られる。そう、日本でも。

法隆寺金堂の釈迦三尊像を見てほしい。まん中の釈迦も両側の菩薩も、そんな口元をしている。次の百済観音も、24ページの中宮寺の菩薩半跏像も、飛鳥時代の仏像は、たいていそうだ。

この微笑、お手本となった朝鮮半島の三国時代（高句麗・百済・新羅）の仏像にも、そのまたお手本の中国北魏の仏像にもある。ならばこの特徴はインドから伝わったのかといえば、ガンダーラ仏にはなく、それと同じころインド中部で独自に作られた初期のマトゥラー仏の方にある。

古拙の微笑については、どこか特定の場所で発生したものが模倣されて世界各地に拡がったのではなく、それぞれの場所で独自に発生したものと考えられている。どこの地であっても、はじめて人の像をリアルに作ろうとする時に、笑った形の口元にすると表情が出るので、像に生気が宿った感じがしたためであろうと想像されている。そういえばあの、黄色い丸に目と口のスマイルマークも、口の両端が上がって、アルカイックスマイルになっていた。

百済観音像

016

百済観音像
くだらかんのんぞう

飛鳥時代　国宝

法隆寺

　これほどほっそりした仏像に、日本ではまずお目にかかれない。けれどもその細い肉体は、人間のように柔らかな抑揚を持っている。

　正面よりも、横から見たほうがわかりやすい。直立ではなく、ほんの少し肩を丸めて下腹を突き出すリラックスした姿勢、両臂から垂れる天衣の揺らぎを見ると、後ろから吹く風に軽く体を預けているかのようだ。

　よく見ると法隆寺金堂の釈迦三尊像と共通する杏仁形の目、口端の上がった古拙の微笑(アルカイックスマイル)を持っているので、作られた時代はそれほど違わないはず。しかし金属的な固い表情の、正面性重視（なにしろ両脇侍は背面がないのだ）で作られた釈迦三尊像とは、人間らしさも見る角度も、全く違う。百済観音像は横から見たときだけ、天衣がＳ字カーブを描いているのが判るのだ。この表現は中国でも北魏ではなく、南朝様式を受けたものと見られている。

　百済観音像は誰が作ったのか、どういう由来の像で江戸時代以前はどこに在ったかさえわからない。その呼び名は、他とタイプの違うこの像に20世紀になってから付けられた愛称にすぎず、材質にクスノキを使っているので、制作地は日本だろうと想像はされるのだが。それでもこの像の存在から、当時の日本には止利派だけでなく、はるかに人間らしい仏像を作る仏師もいたことがわかる。

どうしてほっそり

　飛鳥時代の仏像は細い。さきの釈迦三尊像もこの百済観音像も、20ページの玉虫厨子の絵の投身する薩埵太子も、その次の菩薩半跏像も。ふだん仏像のイメージとして浮かんでくる、あのふっくらぽっちゃり感がないのだ。揃いもそろって、どうして仏像がこんなにやせっぽちなのか。

　原因は日本ではない。仏像の手本とされた朝鮮半島、そのまた手本の中国に遡る。仏教が流行し始めた後漢から魏晋南北朝時代、漢民族の間で高貴な人や知識人の理想像は、ほっそりした姿でイメージされていた。文を尊び武を卑しむ儒学思想のためか、たびたびの侵入に悩まされた騎馬民族のイメージを嫌ったのか、豊満な体やたくましい筋肉型ではなく、風が吹けば飛んでしまいそうな、精神性重視のなよなよした体型が好まれたのである。

　だから例えば当時の有名画家、顧愷之の「洛神賦図」の模本では、主人公の詩人も、詩人が恋する川の女神も、男も女もまるで肉体などないかのように細く、衣ばかりが風になびいて描かれている。同じ顧愷之の「女史箴図」においても、皇帝を熊から守ろうと立ちふさがる健気な女性も、武器を持って駆け付け熊を殺そうとする武官までもが、細身でなよなよと表現されているのだ。

　ほっそりした身体を好んだのは、漢民族ばかりではなかった。鮮卑族出身の北魏の孝文帝は、自分の出身を厭い漢民族に憧れるあまり、鮮卑族の服制や言葉を禁じ、漢民族との結婚まで奨励し、漢民族の古都、洛陽に遷都する。孝文帝は仏教信者でもあったので、洛陽近くの龍門に石窟寺院賓陽洞を開削させる。その中洞の左右壁には、かつて孝文帝と皇后の一行が仏を礼拝する浮彫があり、帝も后も（実際にそうであったかどうかは判らないが）細面でなで肩の、きゃしゃな姿で表わされている。

　孝文帝のほっそり好みは、北魏の仏像にも影響を与えた。当初インドから中国へ伝わった仏像は、リアルなギリシャ彫刻に触発されたガンダーラ風のものであったので、始めのうちは北魏でも衣の下に隆々とした身体が

暗示される逞しい仏像が作られていた。しかし孝文帝の頃からは、細面のやせ型で厚い衣を重ね着した、肉体を感じさせない北魏様式の仏像に変化する。

　その代表例として挙げられるのが、孝文帝と后の浮彫があった龍門賓陽中洞本尊の釈迦如来である。杏仁形の目と古拙の微笑を持つ面長のやせ型体型で、法隆寺金堂の釈迦三尊像の源流として、しばしば紹介されている。漢民族とそれに憧れた孝文帝のほっそり好みが、北魏から朝鮮半島、日本にまで至る東アジアの仏像にまで及んでいたということになる。

　それでは現在イメージされる仏像のようなふっくらぽっちゃりは、一体どうしたのかといえば、これも日本独自のことではない。新たにインドで発生した肉感的な表現の波が、新興の唐王朝を通じて、次の奈良時代に日本へ伝わって来たからである。

百済観音像の冠

百済観音像はかつて、法隆寺において虚空蔵菩薩と呼ばれていた。地下を治める地蔵菩薩に対応し、虚空を治める菩薩であるが、この像がなぜそう呼ばれるようになったのかはわからない。髪を頭上で髻に結って下半身に裳を付けた若い俗人の菩薩の姿で、作られた当時からの水瓶を左手に下げているのだが、そのことだけでは、これがどのような菩薩かという決め手にはならなかった。

この像が観音であるとわかったのは明治44年（1911）、法隆寺の土蔵から発見された宝冠のおかげである。左右に長く垂れさがるリボンにまで唐草模様の透かし彫りが入った銅製の冠で、当時は貴重であった青いガラス玉の飾りがついている。当時は冠がなかった百済観音像に、試みにかぶせたところ、ぴたりと合って、宝冠が本来この像のものであったことが明らかになった。

冠の中央には小さな阿弥陀如来が線彫りで彫られている。冠に阿弥陀如来像のある像は観音菩薩と決まっているので、この像が観音菩薩として作られたものであることも、同時に判明したのである。

玉虫厨子

020

玉虫厨子
たまむしのずし

飛鳥時代　国宝

法隆寺

　大きめの仏壇ほどの大きさであるが、飛鳥時代の情報がぎっしり詰まっている。厨子とは仏像を祀る入れ物であるが、その中よりもまじまじと見たいのは外側である。

　まずは上部に屋根がついて、寺院建築のミニチュアになっていること。法隆寺の金堂と塔は7世紀後半の奈良時代の再建なので、この厨子が飛鳥建築の唯一の遺構なのだ。たとえば屋根は普通の入母屋造りと違って、三角屋根と直下の四方の庇とが続かない錣葺という特異な葺き方になっている。

　さらに注目したいのは上下2段に描かれた絵である。飛鳥時代の絵として、他には断片となった刺繍の天寿国繡帳しかない。黒漆地の上に漆と密陀絵（油絵の一種）の技法を併用して描く。上段の扉には仏を護るための武神と天人たち、背面に釈迦の浄土、下段背面は日月と須弥山世界、正面には舎利（釈迦の遺骨）を拝する僧侶と天人たち、左右には釈迦の前世の逸話と、飛鳥仏教の世界観やワクワクするような当時の物語に満ちあふれているのだ。

　厨子の名前は、装飾に玉虫の羽が使われたことに由来する。厨子の段々になった側面や四隅には金銅の透かし彫りの下に玉虫の羽が敷き詰められ、当時は金色の唐草模様の下から青緑の玉虫の羽が輝く華麗な作りであった。現在はほとんど失われているが、よく見ると軒下部分などたまに緑色に輝く箇所がある。

釈迦の前世

　古代インドやそこで発生した仏教において、人間や生きとし生けるものは全て、死んだら生まれ変わると考えられていた。生前に善い行いをすればより良い生き物や良い世界に、悪い行いをすればつらい生き方をする生物や悪い世界に生まれ変わるというのである。

　ならば、悟りという偉業を成し遂げた釈迦は、釈迦として生まれる以前の生においてどんな人生を送ったのだろうか、とインドの仏教徒は考えた。これだけ尊い人なのだから、前世にはよほどの善行を行ったのであろう。その前の世でもきっと、良いことをしたのだろう。そのようにして集積されていった釈迦の前世の物語を、ジャータカ（本生譚）という。

　そこには王子として生まれた時の話ばかりではなく、貧しい青年として生まれた時の話や、釈迦がシカであった時、サルであった時、非力なウサギであった時の話まで含まれている。童話として聞かされた月のウサギの由来──キツネとサルとウサギがお腹をすかせたお坊さんを助けようとして、キツネは魚を、サルは木の実を持ち寄るが、何も見つけられなかったウサギは、焚火に飛び込んで丸焼きになって自らを食べさせようとした、あのウサギも釈迦の前世の姿、ジャータカの一挿話だったのである。

　ジャータカはアジア中に広がり、その物語絵を南はインドネシアのボロブドゥールから、西はシルクロードのキジルや敦煌石窟にまで見ることができる。その東の果てが法隆寺の玉虫厨子の絵である。

　下段向かって左は釈迦が雪山童子であった時の話、雪山童子は羅刹鬼が「諸行無常　是生滅法」という偈文を唱えるのを聞き、続きを聞くため羅刹鬼に命を差し出す。「生滅々已　寂滅為楽」という後半部分を聞かせてもらった雪山童子が約束通り崖から飛び降りると、羅刹鬼は帝釈天に変じ、童子を受け止めて讃えたという「施身聞偈」の物語である。

　右側には釈迦が薩埵太子だった時の話、薩埵太子は母虎が空腹のあまり子虎を食おうとしているのを見かけ、自分が崖から飛び降りて死体を虎の親子に施した「捨身飼虎」の物語が描かれる。釈迦の前世の雪山童子も

薩埵太子も、偈を聞くためや虎親子のために自分の命まで投げ出したという、自己犠牲の話である。

　あれほどアジア中で描かれたジャータカであるが、日本では物語こそ『今昔物語集』などに引かれているものの、絵としてはこの玉虫厨子以外に現存しない。

　これは偶然なのか、あるいは場面の凄惨さが嫌われたゆえであろうか。

玉虫厨子右側面「捨身飼虎図」

この図の中に、薩埵太子が3度登場する。崖上で着衣を脱ぐところ、真っ逆さまに飛び降りるところ、崖下で死体となって虎の親子に食われているところである。
一図のうちに同一人物を何度も描くことで、物語の展開を判りやすいようにしたのである。一瞬を切り取ったような近代絵画と異なったこのような表現を、異時同図といい、中世の絵巻にも、しばしば使われている。それにしても衣を脱ぎ、死のダイビングをする薩埵太子の身体の線は、なんと優美に描かれていることだろうか。

菩薩半跏像（伝如意輪観音）

菩薩半跏像(伝如意輪観音)

飛鳥時代　国宝

中宮寺(本堂)

　片足あぐらをかいて頬杖をついた半跏思惟像、行儀がよいとはお世辞にもいえない。礼拝対象であるはずの仏像が、こんなくつろいだ姿でよいのだろうか。でもこれは、人々の願いを聞き届けるための像ではない。はるか後の世に悟りを開くため、ずっと考え続けているところなのだ。

　寺伝では如意輪観音像と呼ばれているが、この姿は恐らく、弥勒菩薩像として造られたものであろう。弥勒菩薩は釈迦のつぎに悟りを開いて弥勒如来となる者で、それは五十六億七千万年後のこととされる。

　悟りを開いた後の予想像として弥勒「如来」像もあるのだが、この時代の東アジアでは、なぜか考え中の弥勒「菩薩」像が多く造られている。出家した中年男として造形される弥勒如来像に対して、弥勒菩薩像の場合は出家前の若々しい姿に作られる。

　中宮寺の半跏思惟像も、頭上にお団子のような二つの髻を載せた、まるで少女のような顔立ち、長い手足とほっそりした腰は、まだ思春期前のように中性的な体型である。だからこの像を前にすると、何かを願うというよりも、ひたむきな瞑想をそっと見守ってやりたくなってしまうのだ。

菩薩の化身、聖徳太子

　この菩薩半跏像は、中宮寺では如意輪観音像として祀られてきた。そこには弥勒菩薩とは別の、もう一つの物語がある。中宮寺は法隆寺に隣接し、聖徳太子の菩提を弔って妃の橘 大郎女が作らせたという天寿国 繡 帳の残欠も伝来する、太子ゆかりの寺である。その寺で菩薩半跏像は鎌倉時代に救世観音、室町時代には如意輪観音と呼ばれていた。この当時、聖徳太子は救世観音や如意輪観音の化身とされていたのだから、菩薩半跏像は中宮寺で聖徳太子に見立てられていたことになる。

　中世の日本において、民衆に馴染みがなかった仏教を身近にする手段として、実在の日本人が仏の化身であったとする説話が多く語られた。その筆頭が聖徳太子である。知名度といい、用明天皇の息子という血筋といい、仏法を尊び国政や仏教興隆に関わったことといい、たしかに仏の化身とするのに充分な伝説的キャラクターには違いない。それでも聖徳太子がなぜ、半跏思惟する像なのか。

　弥勒菩薩像の頬杖をつく思惟のポーズはもともと、出家前の釈迦の姿に始まる。インドの小国の王子であった若き日の釈迦が農耕祭に出て、畑の虫をついばんだ小鳥がさらに鷹に獲られる様子を目の前にし、生き物が食い合い殺し合わなければ生きてゆけないことを憂い、木の下で悩み始める「樹下瞑想」のエピソードを表わしたものであった。若い貴公子が俗世間の中で物思いに沈む半跏思惟のその姿が、五十六億七千万年もの間、ひたすら考え続ける弥勒菩薩像に転用されたのである。

　この局面の釈迦の、世の無常を感じながらも、王子という立場にあるのでたやすく出家することができないという状況は、聖徳太子が仏教に心を惹かれながらも、用明天皇亡き後の不安定な政局から推古天皇の摂政となり、ついに出家を遂げられなかった状況と二重写しになる。頬杖をついて片足あぐらをかいた、悩める王子としての釈迦の人間的なポーズが、そのまま聖徳太子の姿とされたのも、なるほどと思われてくる。

　もちろん、これは歴史的事実ではなく伝説に過ぎない。けれども中世か

ら江戸末期までに作られた聖徳太子像の多くは、我々がイメージする髭を生やした大人の姿ではなく、角髪を結った16歳の孝養太子像であった。父の用明天皇が病に倒れた時、その病気平癒を祈って出家したくともそれが叶わない政治情勢の下で、せめてものことにと半身だけ袈裟をまとって仏に香炉を捧げる少年の姿として信仰されたのである。

　如意輪観音という寺伝の呼称は、そんな中世の童形の聖徳太子信仰を垣間見せてくれるのである。

二つの宝冠弥勒像

中宮寺の菩薩半跏像と並んでよく知られているのが、広隆寺の弥勒菩薩像である。広隆寺には複数の弥勒菩薩像があるので、特に宝冠弥勒と呼ばれることもある。この像も中宮寺像と同様に半跏思惟のポーズでほっそりした姿で、同じく7世紀前半の作とされる。

宝冠弥勒もファンの多い仏像なのであるが、韓国国立中央博物館の弥勒菩薩半跏像（国宝83号）と、驚くほど姿が似ている。広隆寺の宝冠弥勒は木造、韓国の像は銅に金メッキの金銅製と材質は全く違うのだが、宝冠もアルカイックスマイルを浮かべた顔立ちも、少女のような体型も、衣の襞の華やかさも、そっくりなのである。

なぜ、二つの宝冠弥勒像がここまで似ているのか。広隆寺像の大部分の材質は、当時の日本でよく使われたクスノキではなく、朝鮮半島でよく用いられていたアカマツである。そこで広隆寺像も朝鮮半島で作られて日本に渡来した像とみて、603年に聖徳太子から譲られた像か、623年に朝鮮半島から贈られたという像に該当するのではないかとする議論がある。一方、アカマツは日本でも採れ、像の一部にクスノキが使われていることから、渡来人によって日本で制作されたとみる説もある。

いずれにしてもこの二像の近似は、当時の朝鮮半島と日本の仏教文化が、いかに近接したものであったかを示すものであることに違いない。

阿弥陀三尊像（伝橘夫人念持仏）

阿弥陀三尊像
（伝橘夫人念持仏）

白鳳時代　国宝

法隆寺

　仏像をこう言っては失礼かもしれないが、実際、この仏像はかわいらしい。まるで小学生くらいの子供が一生懸命、仏像に扮しているかのようだ。真ん中の阿弥陀如来は頭でっかちで小さい手足、とても大人の体型ではない。ぷっくり頬の膨らんだ丸顔で、伏し目で小さく口をつぼめた表情は、真面目にしていなさいと云いつかった子供のようだ。小さい指で印を結び、いっちょ前に胡坐をかいたつもりらしい。

　両脇の二菩薩も邪気のない笑顔で、お腹をつき出した立ち姿は、まだ気を付けの姿勢ができない幼児を思わせる。そんな三尊が、池から茎をのばして開きかけたそれぞれの蓮花の中にちんまりとおさまっている様子は、まるで仏像版おやゆび姫のようである。

　こんなに子供っぽい仏像であるが、背後の衝立には浮彫りの天女が流麗な曲線の衣で鋳出され、蓮華の生えた台座には、池をイメージさせる波と渦が一面に彫られた、舞台装置も巧みな1セットとなっている。

　この三尊像は、橘夫人の念持仏として、法隆寺に伝わった。橘夫人とは、東大寺大仏を創建した聖武天皇の后、光明皇后の母の、橘三千代である。単なる伝承に過ぎないけれども、たしかに女性の念持仏にふさわしそうな、愛らしい仏像である。

愛らしい白鳳仏

　白鳳時代の仏像は、概してかわいらしい。この伝橘夫人念持仏と同じく法隆寺にある夢違観音像や、頭だけになってしまった山田寺の仏頭や、深大寺の釈迦如来像など、どれも童顔で体つきも子供っぽい。頭でっかちで手足が小さく、つるんとしたお腹がぽこんと出ている。下は幼稚園児から、上はせいぜい小学校5、6年、第2次性徴期以前の体つきなのである。

　なぜ、これほど子供らしい仏像が造られたのか。ひとつには、手本となった中国の北周・北斉・隋時代に、童形の仏像が多く作られたことがある。ほっそりして肉体など持たないかのような北魏様式の後に、頭でっかちで丸っこい仏像が流行っていたのである。

　中国で仏像が童形になった理由の一つとして、仏像が白玉で作られるようになったことが考えられる。白玉は中国で古代から珍重された翡翠に類する半透明の石で、今でも装身具や玉杯などに加工されている。古くは、再生の意味を込めたのか死者の身に付けて葬ったり、日常でも玉璧のような祭具や装飾品などに用いられたりしてきた。

　玉を装身具に加工するときは、つやつやと丸みを帯びた仕上げにすることが多く、装飾品に形作るときは、しばしば頭でっかちで愛らしい子供の姿——いわゆる唐子——が作られていた。その職人が仏像作りに参入すれば、仏像もつやつやと丸っこく子供っぽくなってしまう。そんなかわいらしい白玉の仏像が、この時代の中国でしばしば作られている。こうして出来上がった童顔童形の仏像が、他の石仏にも、金属製の仏像にまでも及び、さらに海を渡って日本にも影響を与えたのではないだろうか。

　ところで、受け入れる側の日本では、仏像がやせた大人の姿から丸々とした子供の姿に変わってしまっても、拒絶することはなかったのだろうか。

　実は日本にも、古代から童子信仰がある。八幡神の縁起にもあるように神が子供の姿をして現れたり、また神が子供に憑いて神託を行ったりする話は、古代から珍しくない。子供っぽい姿の仏像を違和感なく受け容れ、礼拝できる素地は、日本にも充分にあったのである。

釈迦如来と阿弥陀如来と薬師如来

法隆寺金堂の釈迦三尊像のモデルになった釈迦如来は、今から2500年ほど前のインドに実在した歴史上の人物であるが、伝橘夫人念持仏の阿弥陀如来とは何者だろうか。違う仏ならばなぜ、釈迦と同じような姿に作られるのか。

最初に言ってしまえば、阿弥陀如来は釈迦如来から派生した架空の仏である。悟りを開いた最も偉い如来はこの世にたった一人、釈迦だけとしてもよさそうなものだが、仏教では、過去や未来には、また広い世界のどこかには、他にも釈迦のように悟りを開いた者がいると考えた。

過去に悟った者たちは過去七仏と呼ばれ、未来の五十六億七千万年後に悟るとされるのが、先の弥勒菩薩である。世界の東西南北のうち、南国インドで悟った仏が釈迦如来ならば、悟りを開いた東方の仏は薬師如来、悟りを開いた西方の仏は阿弥陀如来と名付けられた。北方は、いずれ悟って如来となる弥勒菩薩のために、空けられている。

次項で扱う薬師如来は人の病を治すことが、本項の阿弥陀如来は死者を西方極楽浄土に迎え入れることが特徴とされている。それぞれの姿は、実在した出家後の釈迦に倣って、釈迦と同じ姿で想定された。これらの如来をどこで区別するのかといえば、持物―たとえば薬師如来なら左手に薬壺―か、手指で様々な形をかたどる印―たとえば釈迦の施無畏与願印―で見分けることができるようになっている。

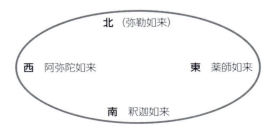

はじめての日本美術史　飛鳥・奈良時代

031

薬師三尊像
やくしさんぞんぞう

奈良時代　国宝

薬師寺（金堂）

　飛鳥時代の仏像と仏画を4図、白鳳時代の仏像を1図と続けた後でこの三尊を見ると、そのボリューム感と活気に圧倒される。唐から新たにもたらされた豊満で写実的な様式に学んで、存分に開花させた、白鳳から奈良時代の代表作である。

　薬師如来ははち切れそうな頬に引き締まった小さな唇、強い眼差しの大人の顔立ちで、広い肩と厚い胸板に引き締まった腰というメリハリの強い体型は、まとわりつく薄い衣の襞でさらに強調されている。左右の日光・月光の両菩薩は髪を高々と結い、潑溂とした顔立ちで、細い腰をインド舞踊のポーズのようにきゅっとひねっていささか官能的である。かつては全身に鍍金（メッキ）され金色に輝いていたはずであるが、幾度もの火災に遭って鍍金はほとんど失われ、黒光りするのがむしろ逞しい印象を与えている。銅像であるにもかかわらず、その肌に触れたら強い弾力ではじき返されそうだ。

　薬師如来は、その名が示すように人々の病を治す仏とされ、薬師寺も天武天皇が皇后（後の持統天皇）の病気平癒のために建立を発願した由緒を持つ。三尊の張りのある肉体の明快な造形は、病気など吹き飛ばしてしまいそうに活き活きしていて、いかにもこの寺にふさわしい。

■肉体派の仏像が東アジアを席巻する

　たとえば法隆寺金堂釈迦三尊像（12ページ）や阿弥陀三尊像（28ページ）と比較すると、薬師寺金堂薬師三尊像の量感と人間らしさに圧倒される。どうして仏の肉体がここまで生々しく、言ってはなんだがマッチョに表現されるようになったのだろうか。

　この変化は日本国内や朝鮮半島で自発的に起こったものではない。中国の唐において、玄奘三蔵、あの『西遊記』の三蔵法師がインドから帰還したことで、仏の理想像ががらりと変わったのである。

　玄奘は仏教の本国、インドで原典を学びたいと願った。しかし当時の唐は出国を許可しなかったので密出国をし、タクラマカン砂漠を越えてインドに向かった。途中で従者が逃げてしまったり、飲み水が無くなったり、ヒンドゥークシュ山脈越えで遭難しかけたりと、何度も危機に見舞われたようだ。けれども玄奘は会った人の心をつかむすべを持っていたらしい。途上の高昌国王からは従者をつけてもらい、インドでは時のハルシャ・ヴァルダナ王の後援の下、各地を巡って学び、657部の教典を携えて華々しく唐へと帰還した。この快挙によって、唐は仏教ブームに沸くことになる。

　この時、大量の教典とともに、インドから7体の釈迦像を持ち帰ったことが知られている。金や銀や白檀の像といわれるので、ハルシャ・ヴァルダナ王が心を尽くした最高の仏像であったに違いない。現物はすでに残っていないのだが、当時のインドでは、瞑想している大人っぽい顔立ちで、肩幅が広くて腰の細く締まった写実的な釈迦像が流行していたので、玄奘の持ち帰った釈迦像も、そのような逆三角形の体型だったはずである。それまでのほっそりした北魏風や、北斉北周の唐子人形のような仏像を見慣れた目に、本場インドの生々しいリアルな肉体の釈迦像は、どれほど衝撃だったであろう。

　本場の仏像を手本に、唐の仏像はどんどん豊満に、官能的になってゆく、そして日本の仏像もそれに倣い、生々しく量感のあるものへと変化したのである。

白鳳か天平か

薬師寺金堂薬師三尊の制作年代を、飛鳥・奈良・平安という区分で語れば、奈良時代の代表作に違いない。しかし奈良時代をさらに白鳳時代と天平時代に分ける場合、薬師三尊はどちらの時代の仏像かが問題となってくる。

奈良時代は、中国の新しい文化の波が次々と押し寄せるのに伴い、日本の文化も目まぐるしく変化した。大化の改新から平安遷都まで150年の区分では幅がありすぎるので、大化の改新（645年）から平城遷都（710年）までを白鳳時代、そこから平安遷都（794年）までを天平時代と分けるのである。

隋や初唐までの文化の影響を受けた白鳳時代の仏像は、阿弥陀三尊像（28ページ）のように童顔でみずみずしい。それに対し天平時代の仏像は盛唐文化の影響を受け、より成熟した表情と肉体へと進化する。

薬師三尊は、白鳳と天平のどちらの時代の仏像か。薬師寺は天武9年（680）に天武天皇により発願され、本尊は文武元年（697）に持統天皇により開眼されたのだから、そのままなら文句なしに白鳳の仏像のはずだ。しかし和銅3年（710）の奈良遷都に従って、薬師寺は藤原京から平城京へと移転している。問題は遷都に際して本尊も移動させたか、新たに遷都先で造ったかである。もとの薬師寺から運んだのなら薬師三尊は白鳳時代作となるが、新都で造ったとすれば、天平の仏像になる。

薬師三尊が白鳳か天平かの論争は、現在も決着がついていない。千年以上も前の出来事でたかが10年ちょっとの違いなど、どちらでもよいではないかと言いたくなるのに今も論争が続いているのは、この頃の文化の進展が10年もゆるがせにできないほど急激であったこと、薬師三尊がいずれの時代の作であるとしても、その時代の代表作となるほどの傑作であることを意味するのであろう。

高松塚古墳壁画
(西壁女子)

藤原京期（694年〜710年） 国宝文部科学省所管（画像は発見当初のもの）

高松塚のことは、江戸時代より前の記録には全く出てこない。判るのは発掘された骨から、墓の主が40〜60歳の男性だということだけである。その高松塚古墳の内壁には、天井に星座、東西の壁の中央に太陽と月、その下に青龍と白虎、北の壁に玄武、東西壁の入口側にそれぞれ男子が4人、奥に女子が4人ずつ描かれている。ずいぶんと盛り沢山だが、これらの壁画は何を意味するのだろうか。

　ヒントになるのは司馬遷の『史記』の記事で、秦の始皇帝の墓である地下宮殿は「上には天文を具え」と書かれている。墓の天井に日月や星を描いて、プラネタリウムのように天空を象るのは、古代中国由来の発想のようだ。青龍・白虎・玄武も、失われてしまった南壁の朱雀と併せれば、東西南北を司る中国起源の四神である。

　男性4人ずつは、墓の主よりはだいぶ若そうだ。持ち物は折りたたみ椅子、太刀、杖、傘、肩掛けバッグなど、お出かけのお付きの従者たちのようである。奥の女性たちの持ち物は、団扇や如意（孫の手）、蠅払いなどの身の回り品。裳（スカート）の上に上着の裾を出しているのは、当時の唐の服装から見れば、少し流行遅れな気がする。年配の墓主に合わせてレトロにしたのかもしれない。

どうしてそんなに大騒ぎ

　あまりにも見慣れた飛鳥美人だが、サイズは意外に小さい。背丈は40センチ弱、書類カバンに入ってしまいそうな大きさである。それもそのはず、石室の内側は奥行2.65メートル、幅も高さも1メートルちょっとなので、二段ベッドの下段、あるいは霊柩車の後部ほどのサイズ。お棺を入れたらキツキツの、極小古墳の壁画なのである。

　高松塚壁画が発見されたのは昭和47年（1972）、「世紀の大発見」として大きく報じられ、ついには記念切手まで売り出される騒ぎとなった。これをきっかけに考古学や美術史に興味を抱いた人も、少なくはなかったはずだ。それにしてもこんな小さな壁画に、どうしてそこまで大騒ぎをするのか。

　それにはちょっと悲しい理由もある。壁画といえば、世界最古の木造建築である法隆寺金堂には、大壁4面と小壁8面の壁画があった。縦横3メートルほどの大壁にはそれぞれ、釈迦や阿弥陀などを中心とした仏たちの集会図が、小壁には観音や文殊像が、精緻に描かれていた。そのままであれば、教科書の写真にも白鳳時代から伝えられてきた絵画の秀作として、必ず掲載されていたはずだ。

　けれども昭和24年（1949）、失火によって壁画はひどく焼損してしまった。真っ黒に焼け焦げて穴の開いた壁画は取り外されて収蔵庫に保管され、人々の目の前から消えたのである。そんな経緯があるなかでの法隆寺と同時代の壁画の発見は、昭和時代の取り返しのつかないこの失策を、少しでも補うものという気にもなったのであろう。

　けれども高松塚には、法隆寺の仏教壁画とは違う新たな価値もある。輪廻転生（りんねてんしょう）の思想を持つ仏教では、人は死ぬと生まれ変わると考えられていたので、死体は火葬され、大きな墓は必要とされない。日本でも大化の改新時に薄葬礼が出され、高松塚の時代、古墳の規模は縮小化されつつあったはずだ。

　一方、中国では死者は死後の世界で生きるとされていたので、秦の始皇

帝陵のごとく、死後の生活のための墳墓や副葬品がそれぞれに準備されてきた。仏教が盛んになった唐代においてもなお大きな墓が造られ、日月星辰や四神と、等身大の墓主や従者たちが日常生活を送っているかのような、墓室壁画が描かれている。日本には古墳時代の素朴な装飾古墳壁画はあっても、唐代のこのような主題の壁画を描く習慣が入っていたとは考えられていなかった。

ところが高松塚やその後発掘されたキトラ古墳では、終末期の小さい墓室とはいえ、四神や日月や日常的な従者などという、中国由来のモチーフの壁画が描かれているのだ。この時代に、仏教以外の様々な文化も日本に入っていたという、目に見える証拠でもある。

そこまで堅い理由でなくても、高松塚古墳の人物たちは、当時の朝廷に仕える人々の日常を、垣間見せてくれるのが面白い。現在と変わらない折りたたみ椅子、普通に使えそうな布カバンを捧げて生真面目に並んだ男子、パッチワークの縞模様の裾にフリルをあしらったスカート、髪の毛を後ろで結わえた女子たちは向きもまちまちで、今も主人を待機中のようである。

発掘と保存

せっかく発見された高松塚古墳壁画に、ショッキングなことが起こった。カビが生えてしまったのである。調査の後はできるだけ人が入らないように、密閉したはずなのだが。協議の結果、石室はいったん解体されて、壁画は現在、修理中である。

遺跡は開いた瞬間から、発掘したその時から、劣化が始まる。長持ちするはずの缶詰だって、開ければ一晩で傷んでしまうのだ、風化は避けられないことなのかもしれない。

だから先に挙げた秦の始皇帝陵では、肝心の始皇帝の遺体のある箇所には、まだ手が付けられていない。発掘されたのは、たまたま遺跡を掘り当ててしまった兵馬俑坑など一部分のみだ。『史記』に書かれた地下宮殿の発掘は、保存技術が発達するまでお預けなのである。

阿修羅像 040

阿修羅像(八部衆のうち)

天平6年（734）　国宝

興福寺

　「阿修羅の如く戦う」という形容があるように、阿修羅は本来、帝釈天と敵対し、挑み続ける好戦的な古代インドの神であった。6本の手はそれぞれ武器を執るために、朱赤の3つの顔は忿怒を表わすために産み出された、相手を威嚇するおどろおどろしい姿のはずであった。

　しかし興福寺の阿修羅像は違う。6本の手も体も少年のように細く、3つの顔の顔立ちはあどけない。泣き出しそうな子供のように、眉根を微かに寄せて口を引き結び、武器を持たない手を胸前で合掌して、立ちつくしている。

　異教の武神であった阿修羅が仏教に取り入れられ、仏の教えに目覚めて釈迦を護るようになった八部衆の一神、という設定の像である。阿修羅像とともに興福寺西金堂の釈迦像を囲む八部衆の他の七神も、鳥頭、象冠、獅子冠といった異形の武装集団にもかかわらず、武神としての荒々しさはなく、総じて幼い顔立ちで穏やかに立っている。阿修羅像の3つの顔と6本の手にも違和感はなく、生真面目な顔つきは、悔い改めたやんちゃ少年が釈迦のガードマンをしているかのように健気だ。不遜とは思いながらも、つい感情移入してしまうのは、仏像にしてはあまりに人間的なその表情のせいかもしれない。

阿修羅の中身

　興福寺の八部衆像には、人間らしいあどけない表情の他にもう一つ、ちょっと意外な特徴がある。唐から入った最先端の技法、脱活乾漆によって作られた仏像なのである。脱活乾漆とは、簡単に言えば漆の張り子だから、阿修羅のあの顔と体、中は空洞なのだ。

　脱活乾漆像の原型は、土の像である。これに色を付けたものは塑像と呼ばれ、安価なのでそれだけでも仏像として、奈良時代の始めにはかなり大量に作られた。けれども塑像は土だけにもろくて、ちょっと倒れただけで崩れてしまう。

　そこに伝来した新技術が脱活乾漆である。塑像の上から、漆を浸した布を幾重にもきっちり貼り付けてゆく。ちょっと包帯を巻かれたミイラのようでもある。漆が乾いて固くなったところで像の背中を切り開き、中の土を全部搔き出してしまう。がらんどうになった像がへこむといけないので芯木を入れて支え、背中の穴を縫い閉じ、像の表面にペースト状の木屎漆を塗って、目鼻立ちをくっきりと仕上げる。塑像に比べ、軽くて壊れにくいし、木彫と比べて柔らかな表情を出しやすい。けれども脱活乾漆は塑像や木彫よりもはるかに手間がかかり、金と同額というほど貴重な漆を大量に必要とするので、誰でも作れるわけではない。

　そんな高価な脱活乾漆で、興福寺西金堂に阿修羅などの八部衆と十大弟子の18体を造らせたのは、東大寺大仏を建立した聖武天皇の后、光明皇后である。光明皇后は藤原氏の出身で、皇族以外から初めて立后したことで知られるが、仏教の熱心な信奉者であったことでも有名である。法華寺に湯屋を作って千人に施浴をするという願を立て、最後に来た病人に請われれば皇后自らその膿を吸い取ってやったという伝説さえ残る。

　西金堂は、その光明皇后が母の橘三千代の一周忌に間に合わせるため、1年足らずで天平6年（734）に完成させたものという。堂内には等身の2倍以上もある釈迦像を囲んで、2体の脇侍像や梵天・帝釈天像、2体の金剛力士像、四天王像、それから十大弟子像と八部衆像と、30体近い仏

像がひしめくように祀られていた。

　この西金堂は平安時代に2度、鎌倉時代と江戸時代と4度の火災で焼失し、現在も再建されていないが、十大弟子と八部衆像はその度に救出され（八部衆の五部浄像だけは下半身が失われているが）、現在まで伝わっている。等身大という小ささと、中が空洞の脱活乾漆像の軽さが幸いして、担ぎ出されたのであろう。

東大寺大仏

もしも焼けてさえいなければ、奈良時代の代表作は、その大きさと国を挙げての取り組みからして、東大寺の盧舎那大仏だったはずである。
しかし源平合戦時の治承4年（1180）に大仏殿が炎上して、上半身を失う。東大寺復興の勧進のもと、重源が宋から招いた陳和卿によって修復されたが、永禄10年（1567）、三好三人衆と松永久秀の戦いで東大寺は再び炎上する。長らく首なし状態だった大仏がようやく修復されたのは、元禄4年（1691）のことだ。だから今の大仏は、奈良と鎌倉と江戸の継ぎはぎ状態なのである。
それでは奈良時代の面影はないのかというと、台座の蓮弁に彫られた線彫画が、かろうじて残っている。その如来像は丸顔だがなかなか凛々しく、肩幅が広くてウエストがきゅっと細い。失われた大仏もこんな顔であったかと、焼損したことがつくづく残念である。

東大寺大仏蓮弁線刻画（部分）

不空羂索観音像

不空羂索観音像
<small>ふくうけんじゃくかんのんぞう</small>

天平時代　国宝

東大寺（法華堂）

　天平時代の最先端の仏像、それがこの不空羂索観音像である。まずは不空羂索観音というキャラクター自体が、際立って新しい。左下の手に持つ羂索は、人々をもれなく救うという名目ではあるものの、ありていにいって投げ縄なので、戦闘用具である。武器を持つ手も含めて８本の手、額中央の眼も併せて３つの目という人間離れした姿は、インドのヒンドゥー教の神々に倣ったもので、次の時代に空海たちがもたらす密教の先駆けなのだ。

　先駆けといえば、脱活乾漆の造像技術も頂点を極めたものだ。粘土の原型に漆を染ませた布を貼り付けては乾かし、中の土を抜いて中空にするという極めて手の込んだ方法で造られながらも、工程の複雑さを感じさせない。人の背丈の２倍を超える巨像なので、見上げられることを前提として上半身を大きく作り、その迫力で押し切って、目が３つ、手が８本の異形にもかかわらず、違和感を覚えさせない。

　これほどの新要素を持ちながら、不空羂索観音はなんとも特異な宝冠を戴いている。銀製の冠に編み込まれた二万数千もの宝玉には、弥生から古墳時代のガラスの勾玉も含まれているという。勾玉のように古代的な呪術性を持つ宝玉が、この仏を飾ることになった理由は一体、何であったのだろうか。

日光・月光菩薩像

　写真図版を見て、おやっと思った人がいるのではないか。不空羂索観音像の左右下に立っていたはずの白い像、日光・月光菩薩像が見当たらないのだ。ともに合掌して立つふくよかで静謐な２像は、厳格な表情の本尊不空羂索観音像よりも、人気が高かった。

　これらの仏像が祀られていたのは東大寺法華堂で、大仏殿の右側の山腹に位置する。手前の礼堂こそ鎌倉時代の建物だが、奥の正堂は東大寺の中でも数少ない天平時代の建築である。あまり大きくない堂中に、大仏建造時前後の仏像14体と、後世の仏像４体とが息苦しいほどびっしりと並んでいて、「天平の宝石箱」とも呼ばれてきた。

　このうち本尊の不空羂索観音像と左右の金剛力士像や、その背後の梵天・帝釈天像と周囲の四天王像の９体は、他と大きさも材質も違う。本尊の不空羂索観音像が3.62メートル、前方の２体の金剛力士像と、四隅の四天王もそれに準じ、さらに左右中央の梵天・帝釈天像はそれを上回る大きさで、どれも３メートルを超える巨像である。見上げていると、巨人国に迷い込んだような気分になってしまうほどだ。そのどれもが、脱活乾漆という手間と費用のかかる材質でできている。

　一方、例の日光・月光菩薩像と、後方にあった弁財天像・吉祥天像、本尊背後の厨子中の執金剛神像の５体はほぼ等身大で塑像、つまり土製の像である。脱活乾漆像の制作工程でもまずは土で原型の像を作り、上から漆に浸した布を貼り付けて造ってゆくのだが、塑像の場合は作った土の像の表面を磨いて彩色をすればそれで完成する。脱活乾漆に比べて作業ははるかに簡単で、材料も安くてすむ。

　この大きさも材質も異なる２タイプの仏像群が、なぜ、どのような経緯で法華堂に併せ置かれたかという議論は、現在も続いている。日光・月光菩薩という名称は薬師如来の脇侍のもの、本来はこれも梵天・帝釈天として造られた可能性が高いとされ、当初は戒壇院の四天王とともに６体で不空羂索観音を囲んでいたという説も出されている。

もっとも近年、法華堂の16体のうち、この日光・月光菩薩と奥の吉祥天・弁財天、鎌倉時代の地蔵菩薩像と南北朝時代の不動三尊像は、新設の東大寺ミュージアムに移された。地震で倒れれば壊れやすい塑像を、免震台つきガラスケースに保護したのである。

　この移動によって法華堂内の仏像の混雑状態も少しは緩和され、これらの像を間近で見ることもできるようになった。かつて本尊左右にあった日光・月光菩薩像が写真にないのは、そのような事情からである。

執金剛神像（しつこんごうしんぞう）

　法華堂で不思議なのが、不空羂索観音像背後の厨子に祀られる秘仏の執金剛神像である。等身大の塑像で、不空羂索観音像とは大きさも素材も違う。そもそも執金剛神のキャラクターは、仁王と呼ばれる2体の金剛力士と同じ護法神である。ならば本尊をガードする役割のはずだから、単独で秘仏として祀られているのは、納得がゆかない。

　けれども東大寺に関する説話の中では、この執金剛神像が最も古いとされる。平安初期の『日本霊異記（にほんりょういき）』には、東大寺の前身となる山寺に執金剛神像があり、金鷲（こんしゅ）行者が像に縄をかけて祈っていると、像が光を放ち皇居まで届いたので、聖武天皇が行者を誉め讃えて正式な僧として出家させた、その話の像だという。

　もちろん伝説に過ぎないけれども、この説話からは法華堂周辺が、東大寺大仏造立以前から山岳信仰の行者たちが修行する霊場とされていたことがうかがわれる。法華堂は、大仏建立時から続くお水取りの行事で有名な二月堂の隣に位置する。十一面観音を祀って修二会（しゅにえ）を行う場で、若狭井（わかさい）という井戸を持ち、今も水の神を祀る水源地信仰の聖地でもある。不空羂索観音宝冠の勾玉に見る古代性は、像が祀られた場所のこのような土地柄と、無縁ではないのかもしれない。

鳥毛立女屏風

鳥毛立女屏風
とりげりつじょのびょうぶ

天平時代　六曲屏風のうち第四扇　国家珍宝帳記載品

正倉院宝物（北倉）

　鳥毛立女屏風の鳥毛とは、画中の女性の髪や衣服の部分に、鳥の羽を貼って彩りとしていたことを指す。現在はほとんどがはげ落ちて地紙の白が出ているが、わずかに残る羽毛の細片を分析したところでは、日本固有のヤマドリの羽が使われているという。つまりこの屏風は、国産品なのだ。

　日本製にもかかわらず、絵の女性たちの表情はエキゾチックである。蛾の触角のような太い眉、濃く塗られた頬紅、異常なほど小さい赤い唇、その両脇にはえくぼを模した薄緑色の点、あまり馴染みのない厚化粧である。さらに眉間には薄緑の四つ葉のような花形が、描き込まれている。ヒンドゥー教の女性が付けるビンディにも似た化粧法で、日本在来のものではない。

　よく見れば開いた胸元には、乳房の丸い線と膨らみを強調する薄紅のぼかしまで入っている。こんなに豊満な肉体を表す描写も、大きく結い上げた髪も、ゆったりとした柔らかな衣装も、樹木の下で腰掛けるというポーズも、従来の日本にはなかった要素である。これほど異国的な表現が、日本産の工芸品屏風に使われていることからも、国際的であった唐文化の圧倒的な影響をうかがうことができる。

豊満型美人のルーツ

　鳥毛立女屏風の美女といえば、いつも唐風の豊満という形容詞で語られる。けれども以前の中国では、百済観音のごとくほっそりしたやせ型が美しいとされていたはずではないか。

　その中国古来の美人観が、ガラリと一変してしまったのが唐時代である。例えば玄宗皇帝の妃、楊貴妃はふっくらタイプの美人であったことが知られている。白楽天の『長恨歌』には、玄宗皇帝の前で湯に浸かる楊貴妃が「温泉水滑らかにして凝脂を洗う」と、脂肪の塊に例えられているのだ。女性ばかりではない、玄宗と楊貴妃に可愛がられた挙句、大反乱を起こした安禄山も見事な太鼓腹で、その腹には何が入っているのかとからかわれ、「赤心のみ」と即答して褒められたという。

　日本で鳥毛立女屏風が造られ、聖武天皇の愛用品となったのは、そんな時代であった。唐の屏風の実物は中国にも残っていないが、唐時代の墓の壁画に描かれた屏風の各扇には、鳥毛立女屏風と同じ構図の、樹木の下で立ったり座ったりした豊満な美女たちが見られる。結い上げた髪形やゆったりした衣装、太い眉の濃い化粧もよく似ていて、日本の鳥毛立女屏風はこの豊満型美女の大流行に倣って造られたことがわかる。

　それにしても唐時代になぜ、美人のタイプがほっそり型からふっくら型へと、大転換したのか。ひとつには、玄奘三蔵がインドからもたらした新型の仏像が、恐らく写実的でメリハリの利いた体型であったであろうゆえに、唐代の仏像が豊満な肉体に変わったことも影響しているかもしれない。

　あるいは、この時代にシルクロードを通って入ってきた胡の文化に拠るところも大きかったかもしれない。胡という漢字はペルシアなど西方の異民族を意味し、胡瓜・胡椒・胡坐のように、西方から入ってきた文物や慣習にも使われる。唐王朝では異国との交流が盛んにおこなわれ、胡の文物は珍重された。『涼州詩』に「葡萄の美酒　夜光の盃」と讃えてうたわれるように、西方からもたらされたグラスで葡萄酒（ワイン）を飲むのが最先端の流行だったのである。

その葡萄酒を出すような酒場には、胡姫がいたという。酒を炉で温めて、お酌をしてくれるのだ。胡姫とは、シルクロードの向こうから出稼ぎにやってきた、異国の女たちである。はるばると砂漠を渡ってくるのだから、病弱で華奢な体ではなかったはずだ。そんな生命力にあふれた豊満な胡姫たちの魅力が、唐時代の美人観を変えたのかもしれないという。
　かつての大陸文化の影響で、ほっそりなよなよしたのが美しいと刷り込まれていた奈良時代の王朝人たちは、この美人観の変わりように大いに戸惑ったであろう。
　けれどもそれは、どうやら好意を持って迎えられたようだ。実際、鳥毛立女屏風には大陸直伝の化粧の美女たちが描かれ、豊満型の顔立ちは平安時代の引目鉤鼻に受け継がれ、長く日本の美の基底となったのだから。

正倉院宝物

　正倉院は、東大寺の倉庫にすぎない。しかしその倉が世界の宝庫とまで讃えられるのは、聖武天皇の遺愛品が納められているからだ。天平勝宝8年（756）、聖武太上天皇の没後49日の忌日に、光明皇太后は亡き夫の遺愛品を、その心血を注いで建立した毘盧遮那大仏の坐す東大寺に献納し、六百数十点に及ぶ品々が正倉院に納められた。
　けれども正倉院宝物の値打ちは、天皇の形見で豪華だからというだけではない。天皇の周囲は唐からの舶載品、あるいはそれを模した国産の品々で唐風に整えられた。だから日本の天皇の遺愛品とは思えないほど、唐文化の影が濃い。
　しかもその唐は玄宗皇帝の最盛期で、西域やインドや東南アジア各国から流入する異国文化が歓迎され、吸収された時代である。遣唐使が日本に持ち帰ったのは、そんな国際的な唐時代の、極上の品々であった。そこで正倉院宝物は「シルクロードの終着点」とも呼ばれ、内外の注目を浴びるのである。

如来・菩薩・天
にょらい・ぼさつ・てん

　ここまで見た仏像の中でも、釈迦如来と観音菩薩と阿修羅とは、見た目も立場もずいぶん違う。仏像には如来・菩薩・天というランクがあり、それによって姿も服装も違うからだ。ならば仏教は平等ではないのかと言われそうだが、生まれつきのことではなく、悟りの段階がらみの話である。

　最も尊いのが如来で、釈迦如来のように悟りを開いた者をいう。如来像は、悟りを開いた後の釈迦の僧形に準じた姿で、髪は螺髪（パンチパーマのような短い巻毛）でサリー状の衣、出家しているので冠やアクセサリーは付けない（密教の大日如来像だけは例外的に宝冠を戴いているが）。

　次のランクの菩薩とは、そのうち悟りを開く者が、まだ悟りを開いていない修行中の状態をいい、よく知られた像に観音菩薩像や弥勒菩薩像がある。出家前の釈迦がインドの小国の王子であったことに倣って、長い髪を結い上げ、冠や首飾りや腕輪を付け、腰巻に華やかな天衣（ストール）をまとった、きらびやかな青年の姿に表されることが多い。

　天とは、これらの如来や菩薩を護り、奉仕する者たちをいう。仁王(金剛力士）や四天王、弁才天や吉祥天、阿修羅などの八部衆もここに含まれている。天の多くは、他の宗教の神々が仏教を護る神として取り入れられたので、男女も服装も人の姿でない異形もさまざま、何でもありだ。仏教でのランクは低いが、俗世の気軽なお願いや魔除けの身近な対象として、広く信仰される。

　この他に密教には明王があるが、これは如来が変身したという設定のキャラクターなので、どこのランクに置けばよいかは難しい。また釈迦の十大弟子や羅漢などの僧侶は、高僧像と呼んで仏像とはちょっと別に扱うことが多い。

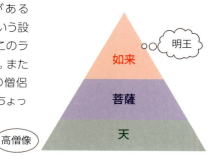

平安時代 (9〜12世紀)
…この世とあの世

　9世紀に伝わった密教は、呪術性が強い。原語そのままの呪文が陀羅尼として唱えられ、インド風で官能的な本尊を前に、雨乞いや病気平癒から出世や恋愛成就、時には怨敵調伏まで、生々しい願望のために修法が行われた。

　さらに平安後期には、死後は極楽浄土に行けるように阿弥陀仏に祈る浄土信仰が流行する。同じ仏教でも両者はずいぶん違うが、貴族たちはちゃっかりと、この世の願いは密教で、あの世への願いは阿弥陀仏にと使い分けている。

釈迦如来坐像 054

釈迦如来坐像

平安時代前期　国宝

室生寺(弥勒堂)

　優しい仏像ではない。やっと奈良の山奥の室生寺まで訪ね着いたのに、ぎろりとひと睨みされ、何しに来た、とドスの利いた声で言われそうだ。畏れを抱かせないという右手の施無畏印がストップ！とも見えて、ちょっと近寄りがたい。

　平安初期の木彫仏は、個性派ぞろいだ。筆頭は神護寺の薬師如来像か、この室生寺の釈迦如来。衣の襞は執拗なほどに作り込まれ、彫技は冴え渡っているのだが、それだけに表情も切れすぎて怖い。睨みつけるような眼、強く噛み締めた顎、肩の筋肉は盛り上がり、胴は太くがっしりとしている。

　なぜ、仏像がこんなにも厳しい表情に造られたのかは、その立地にも理由がある。室生寺も神護寺も都から離れた山中で、川の源流に位置する。そのような土地は、仏教が入る以前から、山岳信仰や水神信仰の聖地であった。奈良時代末から平安時代初期に、その在来信仰と仏教が結びつき、霊地は修行の場とされて、神護寺や室生寺のような山寺が開かれたのだという。

　人里離れた山小屋の主としては、イケメンよりもおっかない熊親父のほうが相応しい気がするように、そんな山奥での修行の本尊となる仏像ならば、美男よりもこんなコワモテの方が、頼もしそうに思えてくるのである。

木彫仏像と鑑真

　現在の日本で、仏像は何でできている？ と聞かれたとき、まず出てくる答えは、木ではないか。目に浮かぶのは、運慶や快慶が木材にノミをふるっている場面。家の仏壇の小さな仏像だって、たいていは木でできている。平安時代以降、今に至るまで、日本の仏像の主流は木彫なのだ。

　けれども奈良時代までは、仏像は木とは限らなかった。法隆寺金堂の釈迦三尊像や東大寺の大仏は銅に金メッキの金銅像だ。特に奈良時代には唐の様々な新素材を取り入れて、東大寺法華堂の日光・月光菩薩像や執金剛神像のような土でできた塑像、阿修羅像や不空羂索観音像のような脱活乾漆像と、あっという間にそれらを使いこなして、人の背丈の２倍以上もある巨像まで作り上げたではないか。どうしてその技術を放棄して、仏像を専ら木で作るようになってしまったのだろうか。

　理由はいくつか考えられる。例えば東大寺大仏を建立したことによる財政困難、大仏建立の詔にいう「国銅を尽して」の言葉も誇張ではなかったという。そんな時代に、これ以上の金銅像や、高級な漆と膨大な手間をかける脱活乾漆像が敬遠され、安価な木彫にシフトするのも無理はない。

　一方この頃、山岳信仰と仏教が結びついて山中に寺院が建立されるとき、神木として崇められてきた木が、仏像の用材にされたらしい例もある。普通なら彫刻に用いないような、節や空洞のある木材が、わざわざ使われているのだ。神木で仏像を彫れば樹木信仰が仏教と一体化できる、あるいは枯れてしまった神木を仏像にと彫ることで成仏させられると、考えたのかもしれない。

　それにしても木彫は、金銅像の鋳造や、塑像のように土をこねあげてゆくのとは技法が全く違う。この室生寺釈迦如来像の衣の襞のような、切れのよい彫技をどこから習得したのだろうか。

　意外にも、そこには鑑真が絡んでいたかもしれないという。日本に受戒制度を伝えるため、盲目になってまで繰り返し渡航を試みた、あの鑑真僧正である。鑑真が来日した時には、仏師たちを伴っていたことが知られてい

る。その鑑真の唐招提寺には、ちょっと変わった木彫仏が何体か、伝来する。ちょっと怖めの顔で、肩や太ももの盛り上がった、メリハリの強い像。そう、平安初期の室生寺釈迦如来像や神護寺の薬師如来像を先取りする特徴を持つのである。鑑真とともに来日した仏師たちの手による、このようなタイプの木彫像が、唐招提寺から各地へと広まったのではないかと考えられている。

　奈良時代の終わりには、そのようなコワモテの木彫仏像が、元興寺や新薬師寺といった唐招提寺周辺の奈良の寺々でも作られている。平安京に遷都してからは、神護寺など京都周辺の山岳寺院で、さらに時代が下れば地方の寺院へと、木彫仏は広まってゆく。木なら日本中どこにでもあるし、円空ならば材に二つ三つノミを入れて目鼻に見立て、それで仏像にしてしまうのだ。日本の風土と木彫仏は、たぶん相性が良いのだろう。

檀像

室生寺釈迦如来像には色が塗られていた形跡があるが、神護寺薬師如来像は素木のままである。如来は釈迦の肌色と同じ金色に塗るべきなのに、なぜ木肌のまま残したのか。造りかけなのかというと、そうではない。よく見ると目や唇にはちゃんと色が差してある。
髪の毛と目口だけに色を塗り、他は素木のままで残すやり方は、檀像に始まる。檀像とは、香木の白檀で彫った仏像のこと。貴重な白檀の匂いを殺さないように極力、彩色を控えたのだ。けれどもそうして素のままに残された木肌は、滑らかな褐色で美しく、まるで人肌のようである。
この「人肌のような木肌」に魅せられたのであろう。白檀製でなくても、榧などの木材を使った一部の仏像では、肌を金色に塗りつぶさずに、髪と目口のみ彩色して肌は素木のまま残したものがある。榧の木肌も白檀に負けず、人肌のようなあたたかみを感じさせるのだ。

如意輪観音菩薩像

如意輪観音菩薩像

平安時代前期　国宝

観心寺（金堂）

　名前のごとく意のままに願いを叶える如意宝珠を胸前に、煩悩を破壊する輪宝を左の第三手に掲げる。

　よく見れば、手が６本の異形である。にもかかわらず生々しい。年に一度しか開扉されない秘仏であることが幸いして、造られた当時の彩色が今も残っている。切れ長の眼に上気した頬、ぽってりとした紅い唇、柔らかそうな腕、ゆるんだ裳からのぞくほの白い下腹。片膝を立てた姿は、なんとも色っぽい。観心寺の本尊だというのに、仏像がこんなに官能的でよいのだろうか。

　それは、この寺が密教寺院であることと、無関係ではない。観心寺は、真言密教をもたらした空海とその弟子により開かれた寺である。手が６本という異形の姿も、空海が持ち帰った密教の両界曼荼羅中の如意輪観音図に基づくものだ。

　密教は、インドのヒンドゥー教の要素を取り込んだ、新タイプの仏教である。そのヒンドゥー教には、従来の仏教にないセクシュアルな要素も含まれている。愛欲は必ずしも否定されず、ヒンドゥーの神々は男も女も官能的に表される。この像の色っぽさには、伝来したばかりの密教に残るそんなインド的雰囲気が、どこか反映されているのであろう。

変身する超人、大日如来

　密教は、ヒンドゥー教の要素を取り入れた仏教である。しかし同じインドの宗教でも、もともとの仏教とヒンドゥー教ではめざす方向が違う。仏教は古来のバラモン教にあきたりない釈迦によって始められたが、ヒンドゥー教はそのバラモン教に民間宗教が融合したものだ。バラモン教に異を唱えたはずの仏教がなぜ、いまさらヒンドゥー教を取り入れようとしたのか。

　理由はインドにおけるヒンドゥー教の隆盛と、仏教の衰退にある。例えば呪術。瞑想から悟りに至ることを目的とする仏教では、呪術を行うことに否定的であった。他方、ヒンドゥー教では、民間信仰の呪法や呪文がどんどん取り込まれ、積極的に実施されている。普通の人々にとって、哲学的な仏教と、現世の願いや悩み事に対応し呪術を行ってくれるヒンドゥー教と、どちらに頼りたくなるかは明らかだ。

　そこで劣勢となった仏教の一部でも、呪術的な祈禱が行われるようになった。聖なる場所を定め、火を焚いて香や木をくべ、呪文を唱えて祈る。これが現在、護摩と呼ばれる修法であり、呪文は陀羅尼や真言と呼ばれている。

　礼拝像の見た目も、ヒンドゥー教の神々の方が華麗だ。ブラフマーやヴィシュヌやシヴァのように、きらびやかな王の装いで顔や手を多く持つ神々の前では、ただの僧侶にすぎない釈迦は、地味でみすぼらしく見えてしまうのである。

　しかもヒンドゥー教の神々は、変身する。仏教の釈迦は実在の人間であったからもちろん変身することはないが、ヒンドゥー教の神々は、出会った敵に応じて獅子や魚の姿に変じて戦い、化身という名目で別の神々にも変身する。なんとも劇的で、強そうである。

　そんなヒンドゥー教に対抗するために、仏教においても変身する架空の超人、大日如来が考案された。イメージするなら、ウルトラマンとかスーパーマン。本来は華麗な王者の姿の大日如来だが、仏敵と戦うときには忿怒の姿で武器を構える不動明王に変身する。さらに大日如来は様々な者

に変身するとされ、あの釈迦さえ人間界で人を教化するときの仮の姿であったと説明することで、数々の仏たちがちゃんと系統づけられる。

こうしてリニューアルされた仏教が、密教である。エキゾティックな呪術を行い、華麗な姿の大日如来が一転して戦闘形へと変身する密教は、元ネタのヒンドゥー教を知らない国の人々には、どれほど魅力的に映ったであろう。けれども本拠地のインドでは、あまりにヒンドゥー教化した仏教は、やがてヒンドゥー教の中に吸収され、消滅してしまう。

現在、密教が残っているのは、インドからは遠く離れた辺境となるチベットやモンゴルなどの地域、そしてアジア東端の日本に限られている。

顔や手がたくさんある観音

観音菩薩は、いつか悟りを開くはずの男が、現在は世俗にまみれて修行(インターン)をしているという設定だ。修行中の身分だから、気安くお願いしても一生懸命応えてくれるし、阿弥陀如来の補佐もしていて、蓮の台(はすのうてな)を持って死者の魂を迎えに来る役目もする。手に持つ蓮華がトレードマーク、出家前の釈迦をモデルにした若い王子の姿なので、ひょっとしたら釈迦や阿弥陀などの如来像よりも、人気があるかもしれない。

それにしても不思議なのが、十一面観音、不空羂索(ふくうけんじゃく)観音、千手観音、如意輪観音のように、顔や手がたくさんある変化(へんげ)観音である。なぜあんな人間離れした姿なのか。あらゆる方向に顔を向けているから、もれなく救うから、千の手で救うから、と教理的には説明されるけれど、本当の理由はよくわからない。

顔がたくさん、手がたくさんで王者の姿といえば、ヒンドゥーの神々の方が先である。あのきらびやかな姿を仏教にも取り入れたいと思った人々が、同じく王子の姿の観音に目を付け、顔や手を増やしたのではないか。あるいは変化観音は、ヒンドゥー教要素を取り入れる密教の、最初の世代といえるのかもしれない。

僧形八幡神坐像

僧形八幡神坐像
（三神像のうち）

平安時代前期　国宝

薬師寺（休ヶ岡八幡宮）

　「これが神様？」と驚かれそうだ。どこから見てもお坊さん。頭は丸めて、袈裟を着ている。それでもこの像は、薬師寺の鎮守、休ヶ岡八幡宮の御神体なのである。神様がなぜ、僧侶の姿なのか。

　平安時代のはじめ頃、日本のあちこちの神社で、神が仏門に入りたいという奇妙な神託が下っていた。たとえば多度神宮の託宣には、「私は罪の報いで神となってしまった。けれども今、神の身を離れて仏教に帰依したい」と言ったと書かれている。この願いに応えて神の坐す山に仏堂を建て、神の像を造立し「多度大菩薩」と呼んだという。菩薩とは仏教で悟りに向けて修行中の者を指すので、仏教に帰依した僧侶姿の像だったのであろう。

　誰がなぜ、こんな神託を考えついたのか。日本では古来、神々は目に見えないものとされ、神の像など作られてこなかった。しかし仏教が伝来して仏像が造立されるようになると、神社の側でも目に見える神の像がほしくなった。そこで神様が仏門に入りたいと託宣したことにして、境内に神宮寺を建て、僧侶としての神像を作ったのだと推測されている。

　僧形八幡神も、そのようにして成立した神像なのであろう。そういえば『平家物語』の那須与一も「南無八幡大菩薩」と祈っていた。この「南無」も仏に呼びかける言葉であり、ここでは八幡神も菩薩と呼ばれているのである。

見えない神から見える神へ

　かつての日本では、神々は見えないものとされていた。しかし目に見える仏像を持つ仏教が伝来し、紆余曲折の末、仏教は容認された。聖徳太子や歴代の天皇が仏教に帰依すると、法隆寺や薬師寺などの大寺が建立され、多くの仏像が作られて祀られた。さらに聖武天皇によって国分寺建立の詔が出され、総国分寺としての東大寺には、盧遮那大仏という巨大仏像が、国を挙げて造立されるようになったのである。

　目に見えないものより、目に見え形あるもののほうが、インパクトが強い。仏教の隆盛を目の当たりにして、日本の神を祀る側にも、目に見える神の像が欲しい、という気運が高まってくる。そこでまず作られたのが、ここに挙げるような僧形神像である。

　かつては他の神社にも僧形の神像はあったようで、僧形八幡神像はかなりの数が現在まで伝わっているが、しかしその多くが明治の神仏分離令に際し、神が僧侶の姿をした像は困るというので、廃棄されたり他へ移されたりしている。たとえば現在、法隆寺で地蔵菩薩とされている像は、もとは三輪山の神を祀る大神神社の神宮寺に祀られていたものという。僧形であったので同じく坊主頭の地蔵菩薩ということにして、法隆寺に移されたのである。

　さらに新しい「日本の神とは、インドの仏が日本人のために日本人の姿となって現れたもの」という本地垂迹の考えのもとに、神の本来の姿、すなわち本地仏としての仏像が作られ、神として祀ることも行われる。各地の神々にも、仏教の仏にも様々な種類があるので、次第に「この神の本地仏はこの仏」と決まってくる。たとえば八幡神の本地仏は多くの場合、阿弥陀如来とされている。

　このような本地仏像は、神の本来の姿として作られたものだが、どこから見ても仏像以外には見えない。それでも明治の神仏分離令の時に、神社に仏像はまずいだろうと、神社からお寺へ移されたり、売り払われたりしている。海外の美術館や骨董店に並ぶ仏像のうちには、そんなかつては神社の

本地仏であったものもあるかもしれない。

　本地垂迹思想のもとでは、ついで「仏がせっかく日本人の姿に変身してくれたのだから」と、王朝人の姿で作ることも行われるようになった。どこの神様は老人の男性で束帯姿、どこの神様は女性で女房装束（十二単）というように、これも平安時代の終わりごろから細かく決められるようになってくる。この雛人形のような姿の神々の像は、垂迹神像と呼ばれている。

　このようにして、形を持たなかった日本の神々は、仏像の影響のもとに、僧形神像・本地仏像・垂迹神像と、様々な人の姿で表現されるようになったのである。

神の像を見るのが恐れ多ければ

これほど多様な姿の神像が作られるようになっても、古来の「神の姿を見るのは恐れ多い」という意識は、どうやら消えなかったようである。そこで神像の多くは社殿の御簾の奥に祀られ、つい最近まで、人の目に触れることはほとんどなかった。

それでは神の姿を見るのはちょっと怖いという氏子たちは、家では何を拝んでいたのだろうか。富士山のように、どこからも見える霊山ならば、遠くから拝む遥拝という手段もある。けれども春日や熊野などの霊地は遠くにあって、見て拝むことはできない。

ひとつの手段としては、神様の名が書かれた掛軸を拝むことがある。こういう掛軸は今でも、祭礼の時にお神酒所に掛かっているのを見かけることがある。

また、鎌倉・室町時代には、神社の風景を描いた宮曼荼羅と呼ばれる図絵も用いられていた。航空写真などと照らし合わせても、この時代にしては相当正確で写実的に描かれている。平安末期の『玉葉』には、九条兼実が春日大社へ参詣できない時に、精進潔斎して春日社の宮曼荼羅をかけて供物をそなえ、神社へ行ったつもりになって拝んだことが書かれている。今でいえばＶＲ（バーチャルリアリティ）参拝をしたのである。

西院本（伝真言院）曼荼羅

西院本(伝真言院)曼荼羅
(両界曼荼羅のうち胎蔵界)

平安時代前期　国宝

東寺（教王護国寺）

　両界曼荼羅とは、密教の根本教義を表した図。仏たちと配列は、空海が日本に請来してから現在まで1200年間変わらず、真言宗と天台宗、いずれの密教寺院にもある。それほど重要な図ながら、胎蔵界に四百余体、金剛界では千数百体の仏がびっしり並んでいるので、まるで絨毯の模様のようだ。どこから見ればよいのか、取っ付き難い。

　けれども写真の胎蔵界曼荼羅だけなら見方は簡単、真ん中ほど偉くて、外側ほど下っ端である。よく会社組織をピラミッドに例えたりするが、あのピラミッド状態を真上から見下ろした図、と思えばよいのだ。

　中央が大日如来、密教の根本の仏で社長に例えるとすれば、それを取り巻く赤い蓮華の花弁に座る8体の仏は取締役にあたる。その上下左右に部署別の仏たちが並ぶ。向かって右は金剛杵を持った仏たちで知恵、左は蓮華を持った観音たちで福利厚生担当であろう。上方は釈迦と弟子たちで布教、下方は明王たちで武闘派、その周囲を下っ端の仏たちがぐるっと囲む。一番外側にごたごたと並ぶのは、他の宗教の神々が仏教に取り入れられた、いわば再就職組である。火や水や風の神や閻魔天、十二宮の星座の神々までいて、ここだけ見ていても面白い。

二幅で一対

　曼荼羅とは、密教の加持祈禱に必要な仏たちを、最も有効なフォーメーションで表したもの。なかでも両界曼荼羅は、密教の全ての仏たちを正しい配置で整列させた、究極の曼荼羅である。その両界曼荼羅は金剛界と胎蔵界の二幅で一対になっている、なぜ究極のものが二つあるのだろうか。

　ことは、密教の中国伝来までさかのぼる。インドから中国へ、密教が2つのルートで伝わったのである。片方は善無畏がもたらし一行に伝えられた『大日経』系の胎蔵界曼荼羅、もう一方は金剛智がもたらし不空に伝えた『金剛頂経』系の金剛界曼荼羅、いずれも大日如来を根本の仏とするが、唐の長安に伝わった時には、それぞれが基本とする経典も、究極とする曼荼羅の形も異なっていた。

　この二つの系統の密教を、再び一つに統合したのが、空海の師の恵果である。恵果は二種類の曼荼羅を、一対という概念でまとめた。男と女、父と母が一対であるように、究極の曼荼羅も二幅で一対として向かい合わせに掛ける。その中で父と母に見守られるようにして、加持祈禱を行おうというのである。

　空海が日本へ持ち帰った両界曼荼羅は、その恵果の指示の下、延暦24年 (805) に唐で造られた一対で、これを原図とする。早速さんざん使われたのであろう、早くも弘仁12年 (821) にはボロボロになって第一転写本が作られ、第二、第三と傷むたびに新たに転写されて受け継がれ、現在の東寺で使われているのは元禄6年 (1693) に作られた第四転写本である。

　両界曼荼羅の他方の金剛界曼荼羅は、同じく中尊を大日如来としながらも、真ん中ほど偉い胎蔵界曼荼羅のように単純ではない。九会曼荼羅とも称されるように、縦3列横3列に並んだ9つの小曼荼羅から構成されている。イメージするなら双六で、一つずつの小曼荼羅をマスターして、コマを進めてゆく感じである。我々人間の振り出しは右下の曼荼羅、そこから上・上・左・左とのの字を逆に進み、上りは中央の曼荼羅、こうして段階的に密教の本質に近づくものである。胎蔵界曼荼羅が密教界の世界地図で静的

であるとすれば、金剛界曼荼羅にはグレードアップして次の段階へと進むという、動的な要素が含まれている。

　日本においては、空海がもたらしたこの両界曼荼羅を究極のものとして、現在に至るまで、それ以上の改変は加えられない。一方、同じく現在も曼荼羅を用いているチベット密教においては、さらに時間や性といった新たな要素が加えられ、曼荼羅は今なお変化し続けているという。

西院本（伝真言院）曼荼羅

写真の西院本曼荼羅は、よく見ると可愛い。部分でいいから下の拡大写真で見てほしい。なによりも描かれた仏たちの表情。中心の大日如来をはじめ、最外部の閻魔天に至るまでみな丸顔の童顔で、頬や肌に桃色や橙色のぼかしが強く入っていて、子供が嬉しくて上気しているかのようだ。光背や衣や座っている蓮華の色を、隣同士で違えているのもお洒落。千年以上前の作と思えないほど色鮮やかで、貼られた金箔の切片もきらりと光って、彩色を引き立てている。

この華やかさは何に由来するのか。仏の眉は左右つながってエキゾチックであり、インドや西域の文化を盛んに摂取してきた唐の遺風に倣ったものだろうか。

こんなに可愛らしいが、由緒は正しい。9世紀後半の作で彩色された両界曼荼羅としては現存最古、真言宗総本山の東寺西院に伝来した。宮中の真言院で用いられたとの言い伝えがあることから、伝真言院曼荼羅の名で知られてきたものである。

両界曼荼羅と当麻曼荼羅

　どちらの図も、曼荼羅という名が付く。曼荼羅という言葉に「〜の世界」という意味があるためである。けれども両界曼荼羅と当麻曼荼羅では、背景となる仏教の形も、曼荼羅の使われ方も、全く異なっている。

両界曼荼羅とは密教の世界を図示した、いわば世界地図にあたるもので、『大日経』の世界をあらわす胎蔵界曼荼羅と、金剛頂経の世界をあらわす金剛界曼荼羅の二幅で一対とされる。加持祈禱を行うときは、左右に向かい合わせに掛け、その中で修法を行う。日本では、両界曼荼羅の諸仏の配置は空海が中国から持ち帰って以来変わらず、真言宗か天台宗かにかかわらず、ほとんどの密教寺院でこの配置のものが用いられている。

当麻曼荼羅は浄土信仰の、阿弥陀浄土の図である。日本では当麻寺に伝来したものを原本とするのでこう呼ばれるが、正式な名称は観無量寿経変相図といい『観無量寿経』という経典の世界をあらわしたものである。

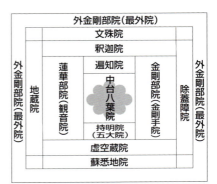

（両界曼荼羅配置図）

中央は阿弥陀浄土、左側にはこの図が作られるようになった由来が、右には阿弥陀浄土をイメージトレーニングする方法が、下にはどんな人でも阿弥陀を念ずれば迎えに来てくれることが描かれている。左右の絵を参照して中央の浄土をイメージすればよいのだが、それが難しい人は76ページの阿弥陀来迎図のような補助手段を使うのである。

当麻曼荼羅（メトロポリタン美術館）

阿弥陀如来坐像

阿弥陀如来坐像
あみだにょらいざぞう

天喜元年（1053）　定朝（じょうちょう）　国宝

平等院（鳳凰堂）

　「仏（ほとけ）の本様（ほんよう）」といわれ、平安時代後半を通じて阿弥陀像の手本とされた、定朝（じょうちょう）の作である。けれどもこの仏像を見て思ってしまわないだろうか「なんだかゆるい」。

　実際、平安初期の室生寺釈迦如来坐像（54ページ）が鋭い表情や力の入った肩で、気概に満ちて見えるのに比べると、この像には圧迫するような力強さは感じられない。大きな伏し目がちの目、肩の力が抜けてちょっと腹の垂れた体型、ありていに言って気の弱い中年男のようでもある。

　しかし、それこそがこの像の良さではないか。阿弥陀如来は、ひとが死に臨んで「あなたの浄土に生まれたい」と願い、その名を十度唱えれば（これが念仏である）、誰でも阿弥陀の西方極楽浄土に迎え入れてくれるという。そこで末法思想の広まる中、もはや修行によって悟りを開くことが叶わないと絶望した平安貴族たちが、すがるように信仰した仏であった。

　誰もが生前に、正しいことばかりしてきたわけではない。それでも最後の瞬間には、やはり極楽往生を渇望してしまう。そんな人間を迎える仏が、正義感にあふれやる気満々の表情では、弱気になった臨終者が気後れしてしまう。そんな時この像の、酸いも甘いも噛み分けて、まぁ、しょうがないなぁと苦笑しながら浄土に受け入れてくれそうな懐の広さが、なんとも魅力的に見えてくるのである。

はじめての日本美術史　平安時代

073

末法思想と阿弥陀

　人は死んだら生まれ変わる、というのが仏教の考え方である。人間のみならず生きとし生けるもの全て、動物や地獄の亡者や天人までもが命が尽きれば死に、天道・人道・修羅道・畜生道・餓鬼道・地獄道の六道世界のどこかに生まれ変わるという。どこに生まれても苦であるが、こんな世界は嫌だと思っても、回し車の中のハムスターがいくら回しても外に出られないように、永遠に六道のサイクル（六道輪廻）から抜け出せず、生まれ変わり続けるのだという。

　そんな状況を変えたのが釈迦であった。瞑想によって悟りの境地に達することで、生まれ変わりを繰り返すこのサイクルから抜け出すことができたとされる。その釈迦に倣い、悟りを開いて六道世界から脱出しようというのが、仏教の最終目的のはずであった。

　しかし、世の中は三段階で悪くなってゆく、という末法思想を聞いて、人々は悲観的になった。正しい修行を重ねれば釈迦のように悟りを開けたのは正法の時代のみで、仏法の衰える像法や末法の時代になれば悟ることは叶わない。しかも永承7年（1052）からは、その最悪の末法の時代に入るという。それでは我々が、この六道世界から脱出することは永遠に叶わないのだろうか。

　そんな絶望的状況だが、ひとつ抜け道がある。阿弥陀如来がかつて修行をしていた時、「私が悟りを開いたら、私の国に生まれたいと願った者を、必ず迎え入れてやろう」と誓いを立てたとされる。その阿弥陀如来は悟りの境地に達し、阿弥陀の国である西方極楽浄土（阿弥陀浄土）を開いたという。極楽浄土は六道の外にあるとされるので、ここに生まれさえすれば六道から脱け出せることになる。末法の世で六道輪廻から脱け出したいと思うなら、「死後はあなたの浄土に生まれたい」と阿弥陀に願えばよいのである。

　これが浄土信仰なのだが、問題はどのように阿弥陀に願うかである。南無阿弥陀仏、と阿弥陀を呼べばよいはずだが、肝心の阿弥陀如来がどういうお方なのか見当がつかなければ、心もとない。経典に語られる阿弥陀の

形容を言葉で聞くよりも、具体的な形を目で見たほうがわかりやすく、いざ臨終の時にも目の前にあるほうが頼りやすい。そこで平等院を建てた藤原頼通の父道長も、法成寺の9体の阿弥陀像の手に結んだ糸を握りしめて死んだという。末法の世となる平安後期に、多くの阿弥陀如来像が造られた背後には、そのような事情があったのである。

　もっとも平安前期からの密教による加持祈禱も、決して行われなくなったわけではない。かの道長にしても、娘の入内や男子誕生、病気回復、時には怨敵退散と、現実的な祈願では密教の修法を盛んに行わせている。この世のお願いは密教に、あの世へのお願いは浄土信仰と、しっかり使い分けていたのである。

寄木造

平等院の阿弥陀如来像の高さは277.2センチメートル、坐像ながら人の背丈の2倍近くもある巨像である。こんな像を彫れるほどの大きな木があったのかと、驚くことはいらない。頭や胴体は前後左右、手足はそれぞれ部材ごとに分けて形作られた後、ちょうどプラモデルのロボットでも組み立てるように、すべてのパーツを合体させて完成するのだ。
一本の木から彫り出す一木造に対し、このような作り方を寄木造という。さほど大きな用材でなくても済み、分業でできるので仕上げは早い。仏師定朝がこのシステムを完成させてから、寄木造は仏像制作の主流となったのである。
道長の法成寺では、平等院阿弥陀サイズの阿弥陀像9体と観音・勢至、四天王像の計15体を、大仏師康尚と定朝の下で100人の仏師が7ヵ月で完成させたという。定朝の系統は、院派や円派に受け継がれて後世まで続く。鎌倉時代には定朝の傍系にあたる奈良仏師の慶派が脚光を浴び、寄木造の技法を駆使して東大寺で巨像を制作する。阿弥陀像については、慶派門下の快慶が端正で夢見るような阿弥陀立像を造って、人気を得た。この形姿は安阿弥様と呼ばれ、阿弥陀像の主流となって現在も造られている。

阿弥陀聖衆来迎図
076

阿弥陀聖衆来迎図
あみだしょうじゅらいごうず

平安時代後期　三幅　国宝
高野山有志八幡講十八箇院

　三幅あわせて縦2メートル・横4メートル超、現存する阿弥陀来迎図としては、最大サイズである。
　等身を超える巨大な阿弥陀如来を真中に、菩薩たちが雲に乗って近づいてくる。阿弥陀の前にぽっかり空いた水際には雑草もちらほら生えていて、この世の地面らしい。その真ん前で、阿弥陀に向き合って座るのだ。すると勢至菩薩に合掌され、観音菩薩に魂を載せる蓮台を差し出され、阿弥陀と周囲の菩薩たちに、ひたと見据えられる。魂が浄土へと迎えられる準備はもう、万全である。
　正面向きで端正な顔立ちの中央の阿弥陀と、阿弥陀を囲む菩薩衆の真剣な顔とは対照的に、左右の奏楽菩薩たちは手に取る楽器を鳴らし、首を傾げ体を揺らし、顔を上気させて微笑んでいる。楽しい往生、とでも歌っているかのようだ。
　そう、これは死のシミュレーションのための絵である。自分が死ぬときには、このように阿弥陀如来が迎えに来て、魂を極楽浄土へ連れて行ってくれると、臨終の時に思い出せるように、お迎えの光景を目に焼き付けておく。この来迎図はそのイメージトレーニングのための、実用品だったのである。

▎迎えにさえ来てもらえれば

　極楽浄土へ往生したいのは、金持ちだけではない。平等院鳳凰堂や中尊寺金色堂のように豪華な浄土堂など建てようもない貧乏人だって、願いは同じである。ならば、極楽浄土がどんなものかを懇切丁寧に再現したジオラマである浄土堂を訪れることも見ることも叶わない人々は、どうすればよいのだろうか。浄土図の異国風の楼閣だの宝池や宝樹だのと、口で言われても、絵で見てさえも具体的に想像することは難しい。浄土堂を見られなければ極楽浄土へ行けないのでは困る。

　そこで次善の策として浮上したのが、来迎図である。たとえ極楽浄土を想像できなくても、信頼できる人が迎えに来て連れて行ってくれる場所なら、きっといいところに決まっている。その人の顔を覚えておいて、安心して連れて行ってもらえばよい。ならばその場面を絵に描いてもらいそれを見て、迎えに来る阿弥陀さまは、ほら、こんな顔をしているのだよ、と心に刻むことならできそうだ。

　そうして生まれたのが阿弥陀来迎図である。中国にも朝鮮半島にもあるが、日本でも自然発生的に描かれ始めたのではないかと思うのは、来迎図に様々な種類があるからだ。阿弥陀如来が正面向きのものと、斜め上から降りてくるもの、山の向こうから満月のようにぬっと現れるもの。多くの聖衆で賑やかなものと、阿弥陀が一尊だけでひっそり来るもの。死にかけた人に阿弥陀の一行が急いで迎えに来る場面を説明したもの、自分が死者のつもりになって阿弥陀のお迎えをシミュレーションするためのもの、臨終に際して枕元に掛ける実用的なものもある。

　古くはあの平等院鳳凰堂にも、扉と壁に9種類の来迎図が描かれている。現地、宇治川のほとりらしい桜の咲く豪壮な邸宅に阿弥陀の一群が雲に乗って現れる場面から、山の中の粗末な庵に、海を越えて阿弥陀如来たちが訪れるところ、金色の蓮のつぼみに死者の魂を入れて浄土へと連れ帰るところまでもある。鳳凰堂を建てるほどの金持ち貴族でも、どんな風にお迎えが来るかは、やはり知っておきたかったのであろう。

図版の阿弥陀聖衆来迎図は現状では三幅に分かれているが、本来は一つながりの巨大絵画であった。現在は高野山に所蔵されているが、裏書の文書によれば、もとは源信が開いた比叡山の横川安楽谷にあったという。毎年秋の旧暦7月15日の往生講が催されるとこの絵が掛けられ、老いも若きも坂を上って比叡山にやってくる。阿弥陀聖衆来迎図を前にして、往生の音楽が奏でられ、往生の講話が語られ、めいめいが自らの浄土往生をイメージする。そんな大人数の法会の中心であったのだろう。

　よく見れば阿弥陀一行の背後には水波が描かれ、色づき始めた紅葉が描かれている。比叡山背後の琵琶湖の水面や、往生講当日である旧暦7月15日の秋の気配を意図したものであったのかもしれない。

　この往生図は、織田信長の比叡山焼き討ち時に密かに持ち出されて焼失を免れ、のちに高野山に納められたという経緯が知られている。

もう一つの手段

　阿弥陀のお迎えを実感する手段としては、来迎図の他に迎講がある。菩薩のお面をかぶって来迎する聖衆に扮した人々が西の方から行列してやって来て、往生者（死者）の魂を蓮台に載せ、西方極楽浄土に連れて帰るという、シンプルな宗教劇である。

　迎講は平安後期にはすでに行われていた。『今昔物語集』には、丹後の地でも迎講を始めようとした聖人の話がある。迎講を行おうにも、来迎の聖衆に扮する舞人楽人や衣装などに費用が掛かるので、聖人の力だけでは実現し難い。そこで丹後の国守に援助を頼んで、ようやく実施にこぎ着けた。当日、来迎の一行に扮した人々が舞いながら、往生者役の聖人の前に至ったとき、聖人は歓喜の涙を流しながら絶息していた。本当に極楽往生したのだと、人々は語り合ったという。

　迎講は、現在でも行われている。当麻寺の来迎会が有名であるが、他にも阿弥陀の木像をかぶって行う弘法寺や、鬼来迎、お面かぶりなどの行事として、各地に伝わっている。

中尊寺金色堂(内部中央壇)
ちゅうそんじこんじきどう

天治元年（1124）　藤原清衡建立　国宝
ふじわらきよひら

　中尊寺金色堂は、奥州藤原氏の栄華を偲ぶタイムカプセルのようである。全面金箔張りの外観や、3つの須弥壇下に奥州藤原三代清衡・基衡・秀衡の遺体と泰衡の首が納められていることでも知られ、それぞれの壇に阿弥陀三尊を中心として11体ずつ、びっしり並んだ33体の仏像も見過ごせない。

　ここで注目したいのは、その内部装飾の豪華さである。もちろん扉も床も壁も天井も金箔張りであるが、四方の柱や須弥壇に使われているのは、金よりもさらに高価な素材なのである。写真の柱や梁や高欄で白くレースの花模様のように見える箇所は、南洋の夜光貝を加工した螺鈿である。漆地にびっしり金粉を蒔いた上に、磨いた夜光貝を宝相華の形に切り抜いて磨き貼り付けてある。須弥壇にはさらに、紫檀や象牙まで使われているという。これらの高価な輸入品は、奥州から産出した豊富な金で異国から購入されたと考えられている。

　金色堂が奥州藤原氏の霊廟の役割を担うものであるにしても、なぜここまで高価な部材でびっしり飾り立てたのか。それは本尊阿弥陀如来の極楽浄土に倣ったからであろう。螺鈿の宝相華はあの世の花、装飾の華鬘の迦陵頻伽はあの世の鳥、金銀七宝に満ちた浄土の楼閣をこの世に再現しようとしたのである。

浄土のジオラマ

　生きとし生けるものが永遠に輪廻転生を続けるこの世を抜け出して、次は阿弥陀如来の西方極楽浄土に生まれたい、と願うのが浄土信仰である。けれども極楽浄土がどのようなところかを想像できなければ、浄土への生まれ変わりを心から願うことは難しい。そこで浄土信仰の下で、極楽浄土をイメージするための浄土図が作られるようになった。

　阿弥陀三尊と極楽の蓮池が最小限の要素であり、そこに浄土の素晴らしさを表すアイテムが、続々と加えられてゆく。エキゾティックな楽隊や胡旋舞を舞う西域風の踊り子、整備された池と水路、刈り込まれた木もオアシスの楽園風である。宙には花や楽器が浮かび、阿弥陀の背後に建つ中国風楼閣は、左右に空中回廊を延ばす。唐時代の大陸で、浄土図の表現は極限まで発達する。

　日本にもたらされた当麻曼荼羅と呼ばれる浄土図なども、そのような表現の最終形態である。しかしびっしり描き込まれたその図様を見ても、ペルシャ絨毯の図柄のようで、ピンと来ない。銭湯のようにタイルで囲まれた四角い池は池とも思えないし、宝玉で飾られた樹木も木らしくない。シルクロードや長安の風景を知る今の我々でさえ想像ができないのだ、平安時代の貴族がこれで極楽浄土をイメージし、ここに往生したいと熱望するのは無理というものであろう。

　そこで考え出されたのが、浄土のジオラマを作ることである。立体的に浄土の景色を作り、楼閣を建て、浄土のような音楽を奏でさせ、その中に身を置いて、浄土に行った気分になってみるのだ。現代ならどこかのテーマパークでパレードを見ているところを想像してほしい。フィクションと判ってはいても、現実のように具体的なイメージを脳裏に浮かべられるようになるのである。

　美しい建築として知られる平等院鳳凰堂も、そのような極楽浄土の立体模型として建立された浄土堂である。鳳凰が羽根を広げたようと讃えられる左右の廊下と小楼の天井が、人が立って歩けないほど低いのは、見た目

を重視し外見の形状を浄土図の楼閣に似せて建てたためであろう。鳳凰堂の真ん前には池が広がっている。そのため鳳凰堂には、池の縁をぐるっと半周しなければたどり着けない。参拝には邪魔であるが、極楽の池の蓮のつぼみには死者の魂が宿っていて、やがて花開くとあの世に誕生する仕組みなのだから、浄土堂極楽往生をイメージするための池は欠かせないのである。

　浄土堂の内部も外観と同様に、往生のシミュレーションのために装飾されている。中尊寺金色堂の高価な素材で荘厳された濃密な空間も、極楽浄土の宮殿が金・銀・瑠璃・玻璃・硨磲・珊瑚・瑪瑙の七宝で作られているという『往生要集』の記述を再現するものであろう。

　貴族たちは法要の日、浄土堂を幡や瓔珞で飾り立て、楽人や舞人に天人の扮装をさせ、池に竜頭鷁首の船を浮かべた。音楽が響き舞が舞われる中で、堂内の阿弥陀像と対面するという極楽往生の疑似体験をし、来るべき日に備えるためであった。

地獄絵

浄土堂がアメであるとすれば、ムチにあたるのが地獄絵である。この世に未練があっては、極楽浄土へ往生を願う妨げになる。そこで全ての生き物が輪廻転生を続けるこの世界の嫌な面ばかりを描いた六道絵、なかでも最も恐ろしい地獄の様相を表す地獄絵も、同時代に作られている。

『枕草子』には、地獄絵の屛風を前に、そんな気持ちの悪いもの見たくないという清少納言に、みんなが面白がって見よ見よという話が載っている。地獄草紙の絵巻も作られているが、いずれも、怖いもの見たさで楽しんでいるかのようである。和泉式部や西行には「地獄絵を見て」の和歌さえある。造寺・造仏で善行を積んだ平安貴族にとって、地獄はしょせん他人事に過ぎなかったのであろう。

源平の争乱や承久の変を経て、鎌倉時代の地獄絵はリアルで怖いものになる。地獄の鬼たちに戦場の武士たちが、さいなまれる亡者たちに逃げ惑う人々の記憶が、重ねられているのかもしれない。

源氏物語絵巻（夕霧）
げんじものがたりえまき

平安時代後期　国宝

五島美術館

　一心に手紙を読もうとする男の背後から、手を伸ばして奪い取ろうとする妻。手前の部屋では2人の侍女が壁に耳を付け、今にも始まりそうな夫婦喧嘩の気配をうかがう。『源氏物語』の中では異色の、ホームコメディ的な一場面。

　11世紀初めに書かれた『源氏物語』には、絶世の美男子光源氏や理想の女性紫上など美男美女が続々と登場する。ならば絵にして見てみたいのが人情である。そこでこの物語を主題として、絵巻物や冊子など多様な源氏絵が描かれた。なかでも本図は現存最古の絵巻である。現存している絵は19場面、徳川美術館と五島美術館に分蔵されるが、最も動的なのがこの場面である。

　光源氏の息子夕霧と、頭中将の娘雲居の雁、幼馴染で長期恋愛の末の夫婦に訪れる、初めての波乱。亡き友の未亡人に恋心を抱いてしまった夕霧が読む手紙を、相手からの恋文と思い込んだ雲居の雁が奪う瞬間である。雲居の雁の上半身は肌が透ける薄衣1枚というくつろいだ姿ながら、垂れる髪を手に握り眉を吊り上げ、全意識を右手に集中させている。その直後、雲居の雁は手紙を奪い取り、夕霧の懇願にもかかわらずどこかへ隠してしまう。こんな駄々っ子のような真似ができるのも、幼馴染の夫婦ゆえであろう。

はじめての日本美術史　平安時代

085

引目鉤鼻(ひきめかぎはな)の理由

　白塗りの平たい顔に小学生でも描けそうな目鼻立ち、デッサンなどという概念のない人形のような体。国宝とは言うけれど、こんな子供っぽい絵のどこがよいのか。古文で『源氏物語』を習い、解説がその細やかな心理描写に及ぶたびに、挿絵の写真にむかって毒づいた、そんな覚えがあるのは私だけだろうか。

　「源氏物語絵巻」の研究が進んで、視点や構図が視覚効果を狙った大胆なものであるといわれても、登場人物の装束が当初はとてもカラフルで、重ねた衣の下に透ける模様までも詳細に描かれていたと判明しても、どこかで納得できない。問題は、現実離れしたあの顔なのだ。

　二筆で輪郭が描けそうなしもぶくれの顔、糸を引いたような細い目にカギカッコのような鼻、ご飯粒を縦にしないと食べられないような小さい口、女の顔でも口髭を付ければ男になる、誰も彼も同じ顔。この手の顔立ちは引目鉤鼻と呼ばれ、平安王朝の恋物語の絵巻に特徴的な描き方である。なぜこんな顔に描かれたかについては、これまでも美術史学者の間でも大いに考察されてきた。

　まず挙げられるのが「下手だから」、人物描写の技術が未熟だったからという理由である。しかしこれに先立つ仏教絵画で、釈迦の死を題材とした「応徳涅槃図」では、半裸の天人たちの体型も、悲しみに暮れる弟子たちの表情も、もっと現実的にリアルに描かれている。また、同じ12世紀の絵巻物で庶民の表情が豊かだとの定評がある「伴大納言絵巻」や「信貴山縁起絵巻」でも、貴族の顔だけは引目鉤鼻であると指摘されているので、リアルに描けなかったからというわけではない。

　ついで思い至るのが「手抜き」である。しかし「源氏物語絵巻」を精密調査した結果、あの顔には驚くほど手間がかけられていることが判明した。一見シンプルな引目は極細の筆を何度も重ねて形成され、こめかみは幅5ミリの間に40本あまりの線を引いて、髪の生え際を表現したのだという。

　下手でも手抜きでもないならばなぜ、あんな顔に描いたのか。『源氏物語』

が書かれてからこの絵巻までの約百年間、光源氏はあんな顔、紫上はこんな顔と、読者それぞれが心に思い描いて来たのである。どんなに巧みに描いても、全員のイメージに叶うことはないだろう。例えば現代の我々が実写版の映画を見て、しばしば「主人公のイメージが原作と違う」と文句を言うように。

　ならばいっそのこと抽象的な顔立ちに描いておいて、あとは見た者に想像で補ってもらおうと考えたのではないか。現在も、シンプルな顔立ちのディック・ブルーナのうさこちゃんや、サンリオのキティちゃんが長く愛されているのと、同じ発想ではないか。引目鉤鼻が単純であればあるほど、そこにめいめいの思い描く理想の男性像あるいは女性像を抵抗なく重ねやすいのだ。

　近代になって、『源氏物語』は美男美女の俳優を主人公として、繰り返し映画化された。けれどもそれらが前宣伝の割に、さほど大当たりをとらなかった理由は、そのあたりにあるのかもしれない。

吹抜屋台（ふきぬけやたい）

　平安時代の姫君は、男たちの目にさらされないように、屋敷の奥深くで、それこそ箱入娘として育てられる。その密室に夜、姫に惚れた男が忍び込んで口説き、物語が始まる。恋物語の絵巻としては、最も絵に描きたいシーンなのだが、リアルに描くと屋根や壁が邪魔になって、何も見えなくなってしまう。

　吹抜屋台という約束事は、そんな問題を解消するために生まれた表現であろう。屋内の出来事や複数の部屋を描くのに邪魔な屋根や壁を省略するのだ。図版でいえば、夕霧たちの部屋と右手前で聞き耳を立てる侍女の部屋を同時に描くために部屋の間の梁と障子だけを残し、屋根と天井と手前の壁を省略するのがそれだ。おかげで2部屋の様子が同時にわかり、物語が重層的になる。

　吹抜屋台なんて専門用語で言うから大げさになるが、同じようなものは現代の日常にもある。上から手を突っ込んで人形で遊ぶタイプの人形の家（リカちゃんハウス）や、マンションの2DKや3LDKの間取りを立体的に描いた広告、あれも屋根を省略した吹抜屋台である。

信貴山縁起絵巻
しぎさんえんぎえまき

平安時代後期（3巻のうち 飛倉の巻）　国宝

信貴山朝護孫子寺

目や口を思いっきり開け、手足をばたつかせて、門の外へと走り出して行く人々。使用人も小坊主も長者さんも、おばさんも子供も。だって食い扶持の米倉が、無礼な扱いに怒った鉢に持ち上げられて、どこかへ飛んで行っ

てしまうのだから大変。「信貴山縁起絵巻」はここから始まる。

　長者さんは慌てて馬に乗り、鉢を追いかけて野を越え山を越え追いかけてゆく。どうなることかとこちらも慌てて絵巻を繰り広げると、場面は信貴山の風景となり、鉢は持主の命蓮上人の前にちんまりと、米倉は後ろの山中に着陸している。長者さんは命蓮上人と話をつけて、倉は信貴山に置き、米は返してもらうことになる。さて米俵をどうやって持ち帰ったものか。くだんの鉢に最初の米俵を載せるとあら不思議、鉢は俵ごと空を飛び、ほかの俵もぞろぞろと後に続いて長者さんの屋敷に飛んで行く。空から戻ってきた米俵を見て、屋敷中の人は驚いたり喜んだり。

　と、この巻の最後まで文章は全くない。それでも絵を見ればストーリーはわかる。現代の我々もただ、人々や長者さんの慌てっぷりを当時の読者と同じように面白がって眺めていれば、よいのである。

絵巻の12世紀

　同じ絵巻でも「源氏物語絵巻」と「信貴山縁起絵巻」ではずいぶん違う。お上品ぶった貴族とお下劣な庶民、感情を表に出さない引目鉤鼻と、目や口を大きく開けて喜怒哀楽を表す「信貴山縁起絵巻」。ともに12世紀の作品なのに、どうしてこうも違うのか。それはこの時代に、色々なタイプの絵巻が作られたからだ。

　たとえば今のマンガを想起してみるといい。マンガのジャンルには少年マンガも少女マンガも、ギャグマンガもある。それぞれによって描き方も、テーマも重点の置きどころも変わってくる。

　絵巻も同じで、多様なジャンルがあったのである。「源氏物語絵巻」を例えれば少女マンガ、絶世の美男子と美女たちの恋だから、描き方はリアルでない引目鉤鼻の方がいい。ただしファッションと庭の花々には気を配って、カラフルに美しく。大切なのは恋のムードなのだから。

　少年マンガや劇画にたとえられるのが、この「信貴山縁起絵巻」や「伴大納言絵巻」だ。内容は命蓮上人がどれだけ霊験があるかとか、伴大納言の悪計があとちょっとのところで失敗してどれほど悔しかったかとかいう生々しい話なので、登場人物はリアルな方がいい。端役はオーバーアクション気味にして、場面を盛り上げてほしい。

　見どころは「信貴山縁起絵巻」なら米倉が信貴山へと飛ぶところ、俵がぞろぞろ高空を戻ってくるところの迫力とリアリティ。そこで長者の館がある山崎から信貴山まで40キロの風景を、横長の絵巻に文章なしで何メートルもひたすら続けて描く。見る方も大変、繰っては広げ繰っては広げて、手が疲れる頃、ようやく信貴山が見えてくるのだ。このような文章抜きで絵が延々と続く連続式絵巻は迫力満点だが、12世紀の絵巻ブームによってはじめて生みだされた表現なのである。

　それまでの絵巻はあまり字を読めない人のための補助手段、いわば子供向けのマンガと似たような存在であった。しかし、それに目を付けた大人が面白がり始めると、絵師もそれに応えて、大人向けの内容で、様々な絵巻の

ジャンルごとに、表現に工夫を凝らす。そんな流れは20世紀後半のマンガの急速な発達からも、類推できるのではないだろうか。

絵巻を面白がった大人の筆頭は、後白河上皇である。政治的には批判されることの多い後白河だが、文化のパトロンとしてならば評価されてもいい。たとえば当時の流行歌である今様に何度も声をつぶすほど凝るが、その結果、平安版歌謡曲全集ともいうべき『梁塵秘抄』が作られ、今に伝わっている。

絵巻愛好もその一つで、権力者の後白河に気に入られるために、新たな趣向を凝らした絵巻が次々と作られて献上され、蓮華王院宝蔵に蒐集されたという。後白河自身も絵巻制作を企画したといい、そのジャンルは「年中行事絵巻」のような記録物から「後三年合戦絵巻」のような合戦もの、恐らく恋物語であろう「末葉露大将絵巻」まで、多様であったという。

全てが後白河上皇の功績というわけではないけれども、このような風潮の下、様々なジャンルの絵巻が発達し、表現が洗練され、連続式絵巻や異時同図法のように新たな技法が生み出されたのが、この12世紀のことなのである。

異時同図法

登場人物の動きや話の展開を表わすため、同一人物を少しずつ時間を違えて、一画面の中に何度も描き込む方法。洋の東西を問わず、古い時代にはしばしば行われていた。日本では玉虫厨子の捨身飼虎図（23ページ）にも飛び降りる前・飛び降り中・落ちて死んだ太子が描かれている。
「信貴山縁起絵巻」の「尼君巻」では、命蓮上人を探しに来た尼君が、巨大な東大寺大仏の前で、祈るところ・眠るところ・夢のお告げにお礼を言うところ・信貴山に向かって歩き出すところと、異時同図法で何度も描かれている。
実はこの技法、現代のマンガにもしばしば使われている。人が焦って足をばたばたさせる場面で、足が何本もタコのようにたくさん描かれる、あれも足の異時同図法なのである。

絵巻
えまき

　横に開く絵入りの巻物。日本では通常、文と絵が詞書・絵・詞書・絵の順で交互に展開する。

　本来は、肩幅くらいずつ開いて読んでは巻き、読んでは巻いて、右から左へと読み進める。コンピューターゲームの横スクロール面とよく似ているが、コンピューターゲームでは横書きの文字が左から右へ進むので、画面は左から右へ流れる。しかし絵巻では縦書きの文字の列が右から左へと進むので、右から左へと読み進めるのである。

　美術館に長く広げて展示されているときは、右から左へと歩きながら見れば、物語の絵も右から左へ進むので、話の筋がよくわかって面白い。

北野通夜物語絵巻（巻4　中国の故事）　明星大学図書館

鎌倉・室町時代（13〜16世紀）…武士の美学

　源平争乱の後、上京した源頼朝に、後白河上皇は秘蔵の絵巻を見せてやろうという。最高の絵巻で頼朝をもてなしつつ、都の文化力を誇示するつもりだったのであろう。しかし頼朝は恐れ多いからとの名目で、見ずに返してしまう。貴族文化の価値観に、巻き込まれたくなかったのだ。
　頼朝は幕府を都から遠い鎌倉に開き、宋から禅を取り入れて禅宗寺院を建てる。禅とともにもたらされたのが、モノトーンの水墨画である。都の貴族とは異質の武家文化が、ここに始まりつつある。

金剛力士立像

金剛力士立像(阿形)
こんごうりきしりゅうぞう

建仁3年(1203)　運慶・快慶他　国宝

東大寺(南大門)

　口をあいたほうが阿形、閉じたほうが吽形。阿吽一対で、東大寺南大門の仁王像として名高い。今も現地で現役なので、修学旅行で見たことのある人も多いだろう。けれども正面から撮ったこの写真をあらためて見ると、なんだか不格好ではないか。大きすぎる頭部はうつむき加減で伏し目であり、足はなんとも短い。臍だってずいぶん垂れた腹の下端についている。かつて直に見たはずの仁王像は、こんなに情けない体型だったのか。

　がっかりするのはちょっと待ってほしい。仁王像は運慶が視覚効果を考えて、あえてこの形に作ったのだ。像高は8.36メートル、人間の背丈はその膝にも及ばない。足元から見上げると頭ははるか彼方である。仮に仁王像がモデルのような体型で頭を挙げた像であったならば、見上げた人と目も合わず、遠く小さい顔のあごの裏と鼻の穴しか見えず、臍も下腹の筋肉の陰に隠れてしまうだろう。

　そんな遠近感覚を知っている運慶は、あらかじめ頭を大きく足を短めにした。しかも一旦作り上げた後に現場で確認しながら、見上げた時に目が合うように頭を俯かせてまぶたを作り直し、臍を数十センチ下に彫り直す修正をしている。

　再度、この図版を斜め30度下方から見直してほしい。目が合う位置から見ると、実物を見上げたときのように、あの体型が格好良く見えるかもしれない。

■速い・安い・上手い

　運慶の属する慶派は、仏師の集団である。特徴といえば、代々長男に慶という漢字が使われているように、親子兄弟の血族を中心としていて、チームワークが良いことであろう。しかし慶派は、貴族にもてはやされる院派や円派とは違う、都から離れた奈良の仏師集団である。いってみれば、技術は確かだがうまく流行に乗れない地方の中小企業、というあたりかもしれない。そんな慶派がなぜ、東大寺再建という表舞台に採用され、脚光を浴びるようになったのか。

　始まりは治承4年（1181）の南都焼討であった。東大寺の大仏は焼損し、大仏殿と伽藍のほとんどを焼失する。都が平安京に移ったとはいえ、東大寺大仏は国家鎮護の要なので、翌年には俊乗坊重源を大勧進として東大寺再建が始まる。銅造の大仏が宋人陳和卿の下で修復され、大仏殿が建てられると、次は大仏周辺の木造仏の再建である。

　そのプロジェクトに慶派が登用された。まず南門の二天像、約7メートルの巨像2体を快慶と定覚を中心に76日間で完成。ついで大仏脇侍像2体、約9メートルを運慶と父の康慶、快慶と定覚がリーダーとなって1体ずつ担当し69日で彫り終え、次いで四天王像約13メートル4体を102日で完成。いずれも戦国時代に再度焼失してしまったものだが、驚くべき速さである。

　最後が南大門金剛力士像、像高8.36メートル、現存する木彫仏像としては日本最大である。阿形像右手の金剛杵の墨書銘には建仁3年（1203）7月24日に始めたと記され、筆頭に運慶、次いで快慶の名と小仏師13人・番匠10人とある。一対の像が開眼されたのが10月3日なので、69日で造立した計算になる。現代の住宅にすれば3階建て程の高さの木彫像2体を、総勢25人で2ヵ月ちょっとで作り上げてしまうのは、技術の進んだ現在でも難しいであろう。

　しかし慶派が採用された理由は、速さだけではなさそうだ。近年、金剛力士像の修理時に、2像ともいったんバラバラに解体されたのだが、断片

数は3000から4000個に上った。単なる寄木造（75ページコラム参照）というよりも、まるで木のコマ切れの寄せ集めである。各地から集められた用材のうち、太い良材はまず、大仏殿などの巨大建築に用いられた。金剛力士像はその端材によって作られているのだ。大木を使わなくてよいという経済的な利点も、寄付による再建では重要だったろう。

　端材を多く使ったことには、別の利点もある。組み上がった時点で、端材を足したり削ったりその場で微調整して、下から見上げたときに最適な角度や形状に直すことが容易なのだ。

　東大寺再建に際しての、このような速さと経済性、現場修正の柔軟さが、慶派の評価を高めることになったのである。

俊乗坊重源
しゅんじょうぼうちょうげん

焼野原になった東大寺の再建を引き受けたのが、俊乗坊重源である。三度宋に渡ったという活動的な経歴の持ち主であったが、これまで東大寺とは無縁で、しかも引き受けたときは61歳になっていた。「人間五十年」などと謡われる以前のことである。よほど引き受け手がない難事業だったのであろう、重源もよく受諾したものだ。

源平の争乱で政情不安が続いて財政も困難な中、しかし重源は東大寺大勧進の職に就き、勧進僧を組織して全国に派遣し、自らも国々を回って寄付を集める。ちなみに能や歌舞伎で弁慶が読み上げる「勧進帳」も、この東大寺再建の勧進という設定である。

一方で重源は、土木技術にも詳しかったという。各地を訪れて再建に必要な巨木を探し、そのような木材の集積所に別所を開いて信仰を広めつつ、用材を奈良へと送っている。今も残る東大寺南大門の建築に、大仏様（天竺様）と呼ばれる宋の新技法が用いられたのも、重源の発案によるものであろう。重源は東大寺が一応の復興を終えた建仁3年（1203）の東大寺総供養から3年後、86歳で生涯を閉じる。

東大寺には、重源の肖像彫刻がある。皺だらけで目は落ちくぼみ、左顔面がやや歪んだ老相で、背は丸くなりながらも腰を延ばししゃんと前を向いた、鬼気迫る姿である。銘文はないが、敬愛する高僧をここまで遠慮なくリアルに再現できるのは、運慶くらいだろうといわれている。

毘沙門天立像

098

毘沙門天立像
びしゃもんてんりゅうぞう

文治2年（1186）　運慶　国宝
うんけい

願成就院

　どう見ても中年のおっさんである。手足だってそんなに長くはない。それでも内に力を漲らせ、目を見開いてぐっとにらんだ姿は、カッコいいのだ。鎧の下の胸板は厚く、腰は引き締まっている。若い時から弓馬で鍛え続けてきた肉体に違いない。運慶の作品は、仏像であるにもかかわらず、つい現実の人間にたとえたくなる生々しさを持っている。

　この像は、源頼朝の岳父である北条時政が建立した願成就院に伝わる。都から遙か遠くの、こんな伊豆の山中の寺院にまさか運慶の真作が、と半信半疑であったものが、修理の時に体内から銘板が発見されて、動かぬ証拠となった。文治2年（1186）に運慶が時政のために作り始めるとあるので、あの東大寺再興の諸像よりも前のことだ。

　運慶の作風を好み、まず自分の寺にと注文したのは、都の貴族ではなく、都から離れた関東の武士たちだったのである。命を懸けて戦う武士たちの守護神には、夢見るような像ではなく、実際のリーダーとして仰ぎたくなるような、具体的で逞しい筋肉を持つ運慶の仏像が、必要とされたのである。

運慶と快慶

　運慶は、野心家であったらしい。デビュー作とされる円成寺大日如来像の台座内には、製作年月日と自分の名前が墨書されている。仏像に仏師名を記すなんて、それまで誰も、一世を風靡したあの定朝でさえしなかったことなのに。後世、その名を求めて普段は見えない仏像の裏までひっくり返すなどという運慶フィーバーが起こることを、予見していたかのようである。

　運慶の作品といえば、力強くて写実的なのが特徴である。代表作とされる興福寺の無著・世親像や高野山八大童子像にも、老人ならばそれぞれの過ごしてきた歳月の内容が、童子なら一人ずつの性格の違いまで感じ取れるようなリアルさがある。しかし現在ならば長所とされるその特徴は、当時の平安貴族には欠点となっていた。彼らが好むのは、平等院阿弥陀如来像のように穏やかで夢見るような像であった。運慶の生々しい像は現実的で下品、と見えたのかもしれない。

　貴族層に敬遠されるのならばと、ターゲットを関東の武士に変えて売り込んだのであろう。表情豊かで動きを感じさせる不動明王像や毘沙門天像は、運慶の得意とするところである。実際、リアルで力強い運慶の仏像は、武士たちの好みに合ったようだ。北条時政の願成就院、和田義盛の浄楽寺など、一時期の運慶は東国へ下向して制作していたのか、作品は意外と関東に多い。やがて東大寺の巨像制作等を通じ、都の人々の評判にも上ってくるのである。

　快慶は、東大寺南大門の仁王像では、サブリーダーとして運慶の次に名を連ね、運慶とともに仏像制作するときは、どちらが誰の作か判らないほど運慶の作風に合わせて、リアルで動きのある像を作っている。

　しかし、快慶が単独で作るときは、運慶とは全く違ったタイプの仏像になる。理知的で整った顔立ちの阿弥陀如来像や地蔵菩薩像はきれいだけれども、なんだか雛人形のようである。迫力とリアリティが求められる展覧会場で見ると、快慶の作品は運慶より見劣りする。快慶はなぜ、こんな仏像を作ったのだろうか。

快慶 地蔵菩薩立像
(メトロポリタン美術館)

　快慶は、仏像が置かれる場を考えたのであろう。大寺院や、出世街道を上昇中の武士が建立する寺ならば、活力に満ちた生々しい運慶タイプの仏像が似合う。しかし出家した人の念持仏や、臨終が近い人の枕元に置かれる阿弥陀像には、そんな騒々しい活気はむしろわずらわしい。表情を抑えた静かな快慶の作風のほうが、そっと寄り添ってくれそうな気がするのだ。

　運慶の息子たちはみな、仏師となって活躍した。ことに長男の湛慶（たんけい）は、父の後を受けて慶派のリーダーとなり、三十三間堂や高山寺（こうざんじ）にも作品を残している。一方、快慶の夢見るように優しい阿弥陀像は、快慶の別名の安阿弥にもとづいて安阿弥様（あんあみよう）と呼ばれ、以後の浄土教系の阿弥陀像の手本とされた。

　今でも東西本願寺付近の仏具屋さんを覗くと、安阿弥様の阿弥陀像を見かけることが多い。ひょっとするとあなたの家の仏壇のご本尊も、安阿弥様かもしれない。

玉眼（ぎょくがん）

運慶の少し前から使われるようになった技法に、玉眼がある。仏像の目の部分をくり抜き、裏から水晶の目を嵌（は）める。すると目が濡れたように輝き、あたかも像が生きているかのように見えるのだ。

東大寺南大門の金剛力士は、さすがに大きすぎて玉眼は嵌められなかったが、98ページの毘沙門天立像や、快慶の地蔵菩薩像にも玉眼が使われている。同じ玉眼でも毘沙門天立像は、瞳の周りを金で縁取って視線の強さを出し、童子像では黒目を大きくつぶらな感じにと、対象に合わせて少しずつ変えているのだ。

この後玉眼は大流行し、ほとんどの仏像に入れられる。そこで仏像の時代を見るときは、玉眼の仏像なら大体は鎌倉以降と、見当がつけやすい。

はじめての日本美術史　鎌倉・室町時代

明恵上人樹上坐禅像

明恵上人樹上坐禅像

鎌倉時代　恵日坊成忍　国宝
高山寺

　高僧の肖像画なのに、それらしくない。ほとんど林の風景画に見えるのだ。よく見れば、二股になった松の木に抱かれるように、明恵上人が目を閉じて坐禅を組んでいる。木々の間を小鳥が飛び交い、上方の松の枝からはリスが見下ろしている。静かな中に、鳥の声と葉擦れの音が聞こえてきそうだ。

　木の上で坐禅なんてお伽話のようだが、実際、明恵は高山寺の裏山の二股になった松の木を縄床樹と名付け、そこに坐して瞑想していたという。たしかに、松の根元には脱いだ高下駄が揃えられ、傍らの枝には数珠と香炉が掛けられている。明恵の日課だったのであろう。

　林の木々や動物たちはあっさりと淡彩で描かれているが、明恵の顔は髭の剃り跡から目尻のしわ、奥二重の瞼の線まで、克明に表されている。絵の作者は成忍、明恵の弟子で「華厳宗祖師絵伝（華厳縁起）」の元暁巻に絵を付けたり、教典の書写も行ったりしている。常日頃見ていた明恵の姿を、そのまま絵にしたのであろう。

　明恵は高山寺聖教を集めた学僧で、貴賤男女の区別なく慕われた高僧でもあるが、仏を父母のように慕い、山野や動物を愛するナイーブな心を持ち続けていた。型破りなこの肖像画からは、そんな明恵のありようが伝わってくる。

華厳縁起

　高山寺には「華厳宗祖師絵伝」という絵巻が伝わっている。お堅い華厳宗にしてはちょっと異色な絵巻で、「華厳縁起」の名で親しまれてきた。主人公は朝鮮半島の新羅の、元暁と義湘という2人の僧。華厳思想を学ぶため、唐へ留学しようと連れ立って故国を出発するところから始まる。

　このうち元暁は、旅立って間もなく、思うことがあって留学を取りやめ、義湘と別れて新羅へ戻る。元暁は故国で『金剛三昧経』の講讃を行って新羅の帝の帰依を受けるが、その後も市井の路上に座り込んで琴を弾いたり、浜辺で月を詠じたりと、常識外れの振舞いをした。虎狼の出没するような山野で坐禅を行うと、獣たちも伏して従ったという。

　元暁の伝記部分の絵は、明恵上人樹上坐禅図を描いた弟子の成忍によるものという。その元暁の顔立ちは、どう見ても樹上坐禅図の明恵に似ている。新羅の王の帰依を受けながら、虎の出没する山野で坐禅する生き方も、明恵が後鳥羽上皇から栂尾の地を賜り、華厳宗中興の拠点として高山寺を開いたこと、そして高山寺の裏山の松の木で好んで坐禅したことを彷彿させる。

　しかし元暁の生涯が明恵と最も重なるのは、留学をやめて故国へ戻ったことである。かつて明恵は、釈迦如来の生国である天竺（インド）に渡ろうとして、旅程表まで作ったことがある。早く父母を失った明恵は、釈迦を父と、仏眼仏母を母と慕い、その父の国を訪れたいと願ったのである。しかし春日明神の憑依した女性が「行くな」と神託を下し、天竺行きはやむなく中止される。

　明恵は天竺へ行けなかったことが、よほど残念だったのであろう。紀州の浜辺で拾った石を、天竺と同じ海水に浸った石だからと、生涯大切に持ち続けている。成忍は明恵の気持ちを知っていたからこそ、明恵と二重写しにして元暁の顔を描いたのであろう。

一方、唐へ渡った義湘の話は、善妙という女性の恋物語である。善妙は留学生の義湘に恋をして告白までするが、ともに仏の道を進もうと義湘に説得される。そこで義湘の帰国に際して、善妙は入水し、龍と化して義湘の船を背中に乗せて、新羅へと向かうのである。

　なぜ、僧伝絵巻に恋などが書かれたのか。実は、明恵は女性たちから過剰に慕われていたようだ。明恵は24歳の時、仏眼仏母の絵の前で右耳を切っている。「形を変え」て俗世間を離れたいが、目をつぶせば経が見えない、鼻を削げば鼻水が垂れて経を汚す、そこで耳を切ったのだという。ハンサムで純情な明恵に惹かれる女性は少なくなかったはず、耳を切り「形を変え」たのは、明恵を慕う女性たちの恋情を断とうとしたためかもしれない。

　承久の変ののち、明恵は戦乱で夫を失った女性たちのために、善妙尼寺を開く。寺の名前はこの逸話の善妙に由来したものだ。しかし老境に入った樹上坐禅像でさえ、鼻筋の通った顔、優しそうな眼元、小さな口と、明恵はいまだに魅力的な顔立ちである。「華厳縁起」に善妙の恋物語が描かれたのは、未亡人となった尼君たちに慕われすぎて、いささか困惑したためでもあるのではないか。

　高山寺には、可憐な善妙神像も伝来している。多くの女性に慕われた明恵は、愛欲の心を華厳擁護の神となるまで昇華させた善妙を、理想の女性として、尼君たちの前にさりげなく提示したのではないかと思われる。

頂相（ちんそう）

明恵上人樹上坐禅像は型破りな肖像画であるが、禅宗には頂相と呼ばれる、宗教的な意味を持つ祖師像がある。

禅宗で悟りを目指すときは、師の指導下に行い、めでたく悟りを開いた時はその証明として師の肖像画の上部に師が賛を書いた頂相が与えられる。つまりは校長先生の写真入りの卒業証書のようなものである。

蒙古襲来絵詞(もうこしゅうらいえことば)

鎌倉時代　二巻のうち下巻

宮内庁三の丸尚蔵館

　それにしてもカッコつけすぎではないか。元寇防塁の上に居並ぶ色とりどりの甲冑武者を前に、颯爽と出陣する一群。先頭をゆく馬には赤糸縅(あかいとおどし)の鎧兜に身を固めた白皙の男、鼻筋の通った横顔の傍に朱字で書き込まれた名は季長(すえなが)。モンゴル軍の「てつはう」が炸裂するあの危機一髪の場面の騎

馬武者も季長、真っ先に敵船に乗り込みモンゴル兵と組み打ち、首を取るのも季長である。

　この絵巻を、竹崎季長が自身の文永・弘安の役における戦功の記念として作らせたものなので、それも当然だろう。絵巻は季長の軍功が鎌倉幕府に認められた神恩に報いるため、領内の甲佐大明神に奉納された。

　功名を争う武者たちの中でも、季長はひときわ目立ちたがりで、せっかちである。文永の役では大将を待たずに先駆けをして危機に陥り、弘安の役では功を急ぐあまり兜もつけずに軍船に乗り込み、脛当てをかぶって元軍と戦っている。

　元寇の様子が季長という一地方武士の視点から書かれ、馬や具足の細部まで精密に描かれているので、この絵巻は美術作品としてのみならず、元寇の実態や鎌倉武士や甲冑を知る歴史資料としても重視される存在となり、日本史の教科書にまでカラーで載るようになった。目立ちたがりの竹崎季長も、さぞかし本望だろう。

■ 目立ってナンボ

　竹崎季長が目立ちたがるのも、ゆえないことではない。言い方は悪いが、武士は目立ってナンボである。いくら戦場でよい働きをしても、だれにも認められなければ、軍功にはならないからだ。

　現に文永の役で季長は、先駆けとなって最前線に出てあれほど危ない目に遭い、救援の白石通泰と互いに証人に立ったはずなのに、幕府の恩賞にはあずかれなかった。納得のゆかない季長は、周囲の止めるのも聞かず、馬や鞍を売り払って路銀を作り、所々の神社に祈り、鎌倉に上って幕府にさんざん訴えて、ようやく軍功が認められ、領地と馬を賜ったのである。

　ならば、認められるにはどうすればよかったのか。まず証拠となるのは、敵の首である。軍記絵巻にも時々、首を腰にぶら下げた武者や、刀や槍の先に首を突き刺して誇らしげに凱旋する兵たちが描かれている。そこで、「蒙古襲来絵詞」の季長も次の弘安の役では、軍功を記録する執筆（幕府の引付奉行人）に向かって、自分が取ったモンゴル兵の首級２つを前にして、戦闘の経緯を滔々と述べる様子が描かれている。

　国内であれば、戦闘の前には大音声で名乗りを挙げることも行われた。「遠からんものは音に聞け、近くば寄って目にも見よ」と自分の出自や姓名を名乗る、あれである。現代の我々から見れば、あんな悠長なことをしている間に射殺されてしまうだろうとハラハラするのだが、本人確認に必要なことなので、敵味方ともその間は攻撃を控えるのが約束事であったという。ただしモンゴル軍相手にこのルールは通用しそうもないので、季長もいちいち名乗ってはいないようだ。

　名乗らなくても戦場で記憶に残るのは、人目を引く武具や鎧兜や馬である。そこで軍記には、源為朝の五人張りの大弓や、斎藤実盛が身を包んだ錦の鎧直垂、源義経の鍬形を打った兜に紫裾濃の鎧、「いけずき」や「するすみ」のような名馬が、ときに所有者を象徴するものとして詳述される。だから「蒙古襲来絵詞」でも、登場人物の甲冑や馬は正確を期して描かれている。大将軍少弐景資の傍らに「馬具足似絵」と書かれるのは、おそらく季

長が自らの記憶に基づいて絵師に各人の戦支度を教え、詳細に再現させたゆえであろう。

戦国時代に至ると武士の甲冑には、一度見たら忘れられない強烈なデザインの、当世具足が登場する。鎧では西洋の騎士が着るような金属製もあれば、井伊や真田軍の真っ赤な甲冑、一見裸に見えるように乳首やヘソまで彫付けたものもある。

兜では、頭上にトンボやサザエやイセエビや椀を載せ、ウサギの耳を付け、果ては卒塔婆や五輪塔を立てるもの―卒塔婆や五輪塔はここが俺の死に場所だ、いつ死んでもよいという意味だろう―までもある。

それらは変わり兜と呼ばれる。あんなものをかぶって戦うのは大変そうに思われるが、実は飾りの部分は張りぼてで、意外と軽いのだそうである。

誰だって褒められたい

鎌倉後期のこの時期には、他にも優れた絵巻物が制作されている。「春日権現験記絵（かすがごんげんげんきえ）」は、春日大社を讃えて奉納された絵巻である。同じく神社に奉納されたものながら、「蒙古襲来絵詞」の主人公が奉納者の竹崎季長であるのに対して、「春日権現験記絵」は奉納先の春日社の神々を主人公とし、その霊験―ご利益（りやく）―を描いたものである。

春日社は藤原氏の氏神なので、もちろん貴族たちが春日神から恩寵を受けた話が多い。けれどもこっそり境内で練習する若い舞人や、市井の母子、地方の僧侶から栂尾の明恵上人まで、多様な人々が春日の神々の恩恵にあずかる場面を、上は上皇から下は子供まで全20巻にわたって宮廷絵所の長、高階隆兼が実に丁寧に描いている。

この絵巻は、保存がよい。絵具の剝落も少なく、今描き上ったかのように色鮮やかである。それはかつてこの絵巻を閲覧できるのが、40歳以上の特に許された人に限られていたことにもよる。人でなく誰に見せるつもりかといえば、神々である。これほど美しい絵巻で霊験を讃えられれば、神々もまんざらではあるまいと考えたのであろう。

一遍上人絵伝(一遍聖絵)

正安元年(1299)　円伊　国宝

12巻のうち第7巻以外は清浄光寺(遊行寺)
写真の第7巻該当部分は東京国立博物館

　絵巻を開くと大音声が聞こえてきそうだ。一遍の叩く金鼓の音、唱和する僧たちの念仏、道場の板を鳴らす足踏みの音、そして見物人たちの騒めき。
　都の市屋道場で、一遍が踊念仏を興行したのである。一斉に念仏を唱えながら、足を高く上げて踏み鳴らすうちに僧たちは熱狂して、皆の顔は赤く上気しているが、ひときわ背が高く色黒の一遍だけは、眉を吊り上げ、にこりともせずに金鼓を叩いているのだ。
　けれども面白いのは、むしろ周囲の見物人たちである。下方には遅れてきた武士たちの一行、桟敷の白い幕の下から顔をのぞかせる女性。こんな所で挨拶を始める被衣姿の女性たちや、指さして噂し合う男たち、左にはみずらを結った稚児も、牛車の中から白い顔をのぞかせる。右には後方では見えなかろうと、若君を牛車の車輪の上に乗せて見せている爺やもいる。こんな大騒ぎの中、床下では飯椀を抱えた乞食がしゃがみ込んで一息つき、退屈した子供たちが足場の材木にぶら下がって遊んでいる。
　絵の作者とされる円伊の作品は他になく、どのような絵師であったかは判らない。しかし一遍たちも通行人も乞食も、大きな風景の中に淡々と小さく克明に描かれていて、そこから一遍の生きた時代が匂い立ってくるかのようである。

旅する絵巻

　ぼうっと見ていると、中世の風景の中を旅しているような気分になれる。もちろん本来は、「一遍上人絵伝」の名の通り、時宗の開祖、一遍上人の功績を、15歳の旅立ちから51歳で没し墓所が建てられるまでの足跡とともに描かれた、厳粛な祖師絵伝なのだが。

　詞書（文字部分）の文章を作ったのは、一遍の弟子で、一遍の壮年と最晩年に行動を共にした聖戒である。12巻の終わりには「一人のすすめによりて」と、誰かに勧められて書いたようにいうのだが、同じく弟子でライバルの宗俊を意識して、祖師絵伝によって自分と一遍の関わりの強さを強調しようという魂胆なのである。ちなみにこの宗俊も、別に「遊行上人縁起絵巻」を編纂しているのだ。

　これほどドロドロした動機で制作されたにもかかわらず、この絵巻の絵からは、そんな生臭さも、宗教性さえもほとんど感じられない。日本各地の大きな風景の中を、小さく描かれた一遍の一行が、人々と出会い、踊念仏を催しては、また旅をしてゆくところが、淡々と描かれているのである。

　行き先には、菅生の岩屋や熊野のような、険しい地形の霊場もある。修験者が鎖やはしごを使わなければ行けない切り立つ岩山や、水しぶきを上げて落ちる那智の滝や、船で参詣する人々まで小さく詳細に描かれているが、時に一遍の姿を見失ってしまう。どこにいるのかと思えば、いつの間にか参詣人の行き交う山中で、熊野権現と出会って啓示を受ける様子が、これも日常風景の中にあっさりと描かれている。

　絵巻には人里離れた霊場の他に、四天王寺や善光寺や厳島神社といった、各地の有名な寺社も登場する。結構リアルに見えるけれども、どこまで本当か、円伊は実際に現地に行って見て描いたのだろうかとは、誰もが思う。実際の風景と比較したり、古い寺社の記録と突き合わせて、当時の建物と同じ形状か検討したりもされているが、恐らく全ての箇所に行ったのではなく、所によっては寺社の絵図を参照して描いたのだろうと考えられている。

　一遍が著名な寺社を巡ったのは、単に参詣するだけではなく、人々の集

まるところで踊念仏を広めるためでもある。人混みの中で一遍はどこへ行ったかと『ウォーリーを探せ』のように探してゆくと、見慣れたひときわ色の黒い大男の一遍が、路上の数人に向かって説法していたりする。一遍でなくても、各地の市場の様子や、行商人や、通りがかりの琵琶法師や、軒下で丸くなる犬まで、細かく描き分けられているから、そちらを追っているだけでも面白い。

　この絵巻はサイズが大きめで高価な絹地に描かれ、12巻もある。聖戒ひとりではこんな豪華な絵巻を作れるわけがない。聖戒がいう「一人のすすめ」の「一人」とは一の人、すなわち関白九条忠教であろうと推測されている。

　なるほど関白ならばこれだけの絵巻は作れると納得する一方で、そんな高位のお方がよくもまあ、こんなに大がかりな僧伝絵巻を作らせたものだと、不思議な気もする。ひょっとしたら忠教は、一遍の行跡にかこつけて、名所旧跡や各地の風景や世俗の人々の間を、絵巻の中で旅したかったのではないかと、つい勘ぐってしまうのだ。

乞食

この「一遍上人絵伝」の他にない特徴として、乞食たちの様子がしっかり描かれていることが挙げられる。
当時、仏教行事の後には施食が行われていたので、踊念仏にも施しを求めて、多くの乞食が集まって来たのである。普段、目を背けられて絵に描かれない世界が、ここでは克明に描かれている。着衣もまちまちで、雨露のしのぎ方も人それぞれ、床下で寝ることも土塀の屋根に沿って小屋掛けすることも、破れ傘でしのぐこともある。
市屋道場の床下だけではない、向かい合って食べながら世間話をする乞食、施された食料を干して保存し奪いに来るカラスを追う乞食、縁の下でちゃんと枕をして眠る乞食、乞食たちにも日常生活があるのだと、当然のことながら妙に納得してしまう。

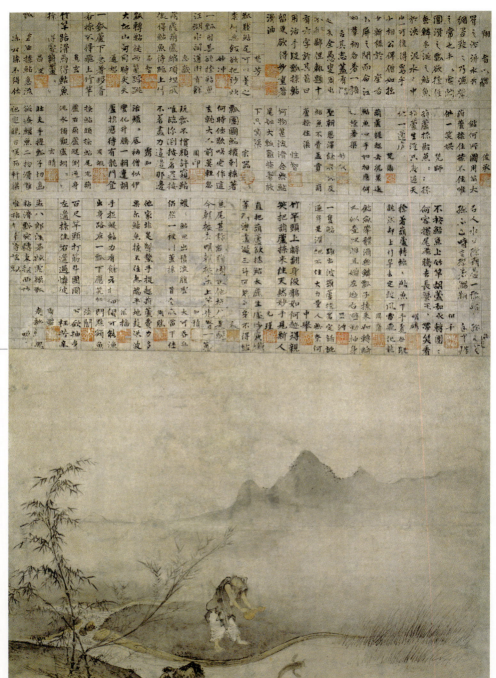

瓢鮎図
114

瓢鮎図

室町時代　如拙　国宝

退蔵院

　上部にずらずらと並んでいるのは、禅僧たちのコメントである。この絵を見て、ひとこと書けと命じられたのだ。そんな難題を出したのは、足利将軍。京都中の禅僧を巻き込んでの、大イベントだったのである。

　この作品のような詩画軸とは、室町時代の禅寺で行われた、水墨画を仲立ちとした寄せ書きである。まず、企画者がお題を決めて、それに沿った絵を注文する。出来上がった絵を回覧して、めいめいが絵にちなんだコメントと署名を上部に書きこんで出来上がりだ。

　この詩画軸の流行に乗って、将軍（おそらく足利義持）がお題を出したのである。しかし、よりにもよって瓢箪鮎とは。瓢箪で鮎を捕えるといえば、ぬるぬるして捕まえどころのないことのたとえだ。普通はもっと高尚なお題のはずだが。絵を描かされる側も、密かに苦笑したであろう。

　もっと大変なのは、コメントを書かされた禅僧たちである。ただの瓢箪じゃだめだ、もっと油を塗ってぬらぬらさせろ、などと過激な意見もあれば、将軍様のご威光で、鮎も瓢箪で捕らえられます、などというごますりもある。

　ふざけた題名に、困ったコメント。それでもこれが国宝なのは、将軍と絵描きと都中の禅僧たちが共同制作をした証だからだ。ちなみに絵を描いたのは如拙、あの雪舟の師にあたる。

水墨画という新技術

　紙の平面上に、墨と水だけで色を使わないという限定された状況で、三次元の世界を表現する元祖３D、それが水墨画である。

　墨だけで描いた絵ならずっと前からある。現代のイラストやマンガのように、色彩を使わずに一色の筆で輪郭を引いて、人や馬や物のかたちを表わす、そんな絵なら法隆寺金堂天井板や正倉院文書の落書にもある。あの鳥獣人物戯画だって墨だけで絵具は使っていない。しかしそのような絵は、白描画と呼ばれて水墨画とは別物とされる。

　水墨画が白描画と違うのは、淡墨の中間色を使うことだ。墨に水を加えて様々な濃さの灰色を作って、それで立体感や奥行きを作るのである。白描画が黒白の明快なイラストレーションだとすれば、水墨画はモノクロ写真にあたるだろう。

　そんな水墨画が生まれたのは、唐時代の中国。絵具を使わずに墨だけで、その場で絵を描いてご覧にいれますという、一種のパフォーマンスがあったようだ。例えば王墨は酒をあおっては画面に墨を注ぎ、手や足でなすったりこすったり、果ては自分の髪を筆にして描くにつれ、濃淡の墨の跡が次第に山や石や雲や水に見えてくるのだという。「墨の王さん」とはいかにも芸名めいているし、どこの人かもわからない。もちろん一過性の芸なので、作品も残っていない。

　しかし芸当めいた作画を横目で見ていた絵師たちの中に「これは使える」と目を付け、カラフルな絵具を使わずに、墨と水の濃淡だけで風景を表現しようと試みる者が出てきた。野趣あふれる水墨の技法は、華山だの桂林だのという切り立った岩山や崖を持つ、壮大な中国の自然を描くのに向いていたのだ。唐に続く五代から北宋時代にかけての中国で、水墨画の技術は急速に発達し、頂点に達する。

　鎌倉時代の日本に入ってきた水墨画は、そのようにして完成され切った作品であった。色も使わないのに、どうしてこんなに立体的なのかと首をかしげて、見よう見まねで描いてみても、そうそう真似できるものではない。

大体そんな切り立った山が現実にあるかどうかさえ、見たこともない日本人には想像もつかないのだから。

室町時代、歴代の将軍は禅文化を好み、中国から大量の水墨画を買い入れた。その多くが相国寺のような幕府の庇護する禅宗寺院に納められ、そこで学んだ僧侶の中から、例の瓢鮎図を描いた如拙や周文のような水墨画を描く画僧が現われる。

けれどもまだ、この頃の画僧はどこか遠慮がちだ。コピーの手本である中国の雰囲気がどれほど出せたでしょうかと、おどおど様子をうかがっている節がある。日本の画家が水墨画を自分のものにできるのは、次の時代の雪舟や狩野元信まで待たなくてはならない。

新様とは

お題を出したのは将軍様だとか、コメントを書いたのが京都中の禅僧（さすがに大げさな言い方だと思うが）だとか、どうしてわかるのかといえば、上部の文字部分の右端に、この作品が作られた経緯が書きつけられているからである。

すなわち、将軍様が相国寺の禅僧如拙に命じて、「新様」の絵を座右の小屏（衝立）に描かせた。これに都中の禅僧たちに一言ずつコメントを書かせた、とある。ちなみに当時は小屏であったものを、後に掛軸に仕立てたらしい。

ならば新様とは何か。絵から推理する時、最も有力とされるのは、その構図である。瓢鮎図の左上から右下に、定規を置いて対角線を引いてみると、主要なモチーフの瓢箪を持つ男、鯰、渓谷、竹叢などが全て、左下半分の三角形に収まってしまう。対する右上半分には遠山があるだけだ。
このような対角線の片側だけにモチーフを集中させる構図は、中国の馬遠が始めたもので、「馬氏の一角」と呼ばれるほど有名だった。如拙の「新様」とは、それを取り込んだものであろう。

秋冬山水図（対幅のうち秋幅）
しゅうとうさんすいず

室町時代　雪舟等楊　国宝
せっしゅうとうよう

東京国立博物館

　平らな1枚の紙である。使われたのは墨のみで他の色はない。筆を点々と打ち、こすり付けた跡に過ぎない。けれどもそれがなぜ風景に見えるのだろう。

　きっかけは遠い楼閣のシルエットか、樹木の枝ぶりだろうか。見知ったものの形が目に入ったことをきっかけに、不規則な筆跡が突然、意味を持ち、山水となって立ち上がってくる。淡墨の広がりに横線を入れたものが水面になり、わずかに濃さの違う墨線を重ねたものが崖の滑る岩肌になり、かすかな淡墨のひと刷きが遠山になる。一点に集まる直線が船の帆柱になり、塗り残した白い三角形が家々の屋根の切妻になり、紙の平面に奥行きが生じる。

　よく見れば道が走っている。右下の民家の落葉した柿の木の下から、坂を上がり漁村の脇を過ぎて崖の向こうへと道は曲がる。道を挟んで向き合う2人の間を通って、樹叢の向こうの楼閣の建つ街区へ、その奥に霞む山々へと、目でたどり、絵の中を旅するのだ。行ったこともない架空の風景の奥へ奥へと、心が誘われてゆく。水墨画はトリッキーだ。
いざな

48歳からの学び直し

　雪舟といえば、お寺の小僧時代、掃除もそっちのけで絵を描いて和尚さんに本堂の柱に縛られ、足指でネズミの絵を涙で描く、そのネズミに驚かされた和尚さんは雪舟の絵の巧みさに感心し、絵の道へ進ませるべく雪舟を都の相国寺に送った、という伝説がある。
　けれども雪舟が相国寺でどれだけ絵を習えたか、怪しいものだ。のちに雪舟自身は、相国寺で如拙や周文に絵を学んだと自称するが、30代半ばで知客、すなわち接客の役職にあったのだから。いわば画才を見込まれて就職したつもりが、入ってみたら営業職に配属されたようなものかもしれない。そういう生き方も決して悪くはないはずだが、雪舟はどうしても絵を描きたかったらしい。
　そのころの雪舟は、拙宗等揚という名で水墨画を描いていたのではないかといわれ、この説は近年有力になっている。それにしても当時、拙宗の絵はさほど人気がなかったようだ。45歳頃、雪舟は応仁の乱で荒れる都を離れ、山口の大名大内氏のもとに身を寄せる。絵は都人には好まれず、戦乱のさなかでこれ以上学べることもないと、見切りをつけたのだろう。
　雪舟が凄いのはそこからである。48歳の時に、大内氏のもとから明に留学するのだ。「人生五十年」と謡われる時代なので、もう老年にあたる歳のはずであるが、古い絵画を観たり、水墨画の本場でさっそく現地の絵師の李在に付いたりして、精力的に学んでいる。もっとも雪舟は、中国で習った絵師よりも、やっぱり私の師の如拙と周文のほうがいい、と書いているが。
　また、中国の天童山で「天童山第一座」の位を貰ったり（おそらく名誉職なのであろうが）、北京へ行ったりと、2年にわたって大陸を巡って、現地の景色を写生もしていたらしい。たとえば桂林のような切り立った山々が霧に霞んでいる風景を見て、ああこんな山が本当にあったのだ、水墨画の創作ではなかったのだ、と実感したのであろう。
　50歳になった雪舟は、中国帰りと「天童山第一座」の肩書を引っ提げて、日本に戻る。それ以後の圧倒的な人気は、周知のごとくである。雪舟自

身も意気揚々と、天童山第一座雪舟等楊などと落款を入れる。しかし雪舟の人気は、肩書にばかりよったわけではない。あの切り立った山々も、靄のかかった湖の風景も実景を描いたものなのだと、納得して帰国した雪舟の絵には、その世界に入ってゆけそうな実在感が生まれているのである。

雪舟の傑作とされる、この「秋冬山水図」や「山水長巻」のような作品には、架空の景色ながら、絵の中へ入ってゆけそうな奥行きがある。

雪舟は、87歳（一説に83歳）で亡くなるまで作画活動を続け、各地の名所を回って、「天橋立図」のような日本の風景も描いている。現実の景色をもとにして、水墨画らしい世界へと再構成するのである。ようやく日本の水墨画は、中国の模倣から創作する段階へと、入ったのである。

落款（らっかん）

落款とは、絵が仕上がった時に入れる署名と印のことだ。

雪舟より前の絵師は、絵に署名を入れなかった。あの如拙の瓢鮎図にも、コメントを書いた僧たちの署名と印はあっても、絵師の署名はどこにもない。それが如拙の作と判るのは、僧たちのコメントの前書きとして、将軍が如拙に描かせた、とあるからにすぎない。如拙の弟子の周文に至っては、狩野派や雪舟の師でもあったらしいのに、署名を残さなかったので、周文の作品がどれだか判らないくらいだ。

どうしても入れたい絵師は、木の幹や岩陰のようなわかりにくい箇所に隠し落款を入れることもある。

けれども雪舟は、目につくところに堂々と落款を入れた。ものによっては「文明十八年嘉平日天童前第一座雪舟叟等揚六十有七歳筆受」などという長々しい署名に印が押してある。よほど芸術家意識が強い人だったのであろう。「秋景山水図」に落款がないのはなぜかといえば、対となる「冬景山水図」の方に、「雪舟筆」というやたらに目立つ落款があるからなのだ。

四季花鳥図
しきかちょうず

室町時代　狩野元信(かのうもとのぶ)　全8幅のうち4幅　重要文化財
大徳寺大仙院

　そんなに大した絵には見えない。風景の中の花や鳥、何の変哲もなさそうな絵である。しかしよく考えるとおかしい。雪舟と同系統の本格的な水墨の風景の中に、原色で原寸大の花や鳥が、描き込まれているのだから。全く

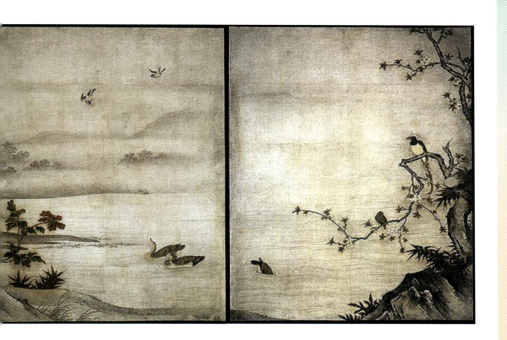

　毛色の違う水墨山水と写実的な異国の花鳥が、何の違和感もなく一図に納まってしまうなんて、とんでもない異種配合ではないか。そんな離れ業を澄ましてやってしまうのが、狩野元信。どんなものをどんな風にでも描けなければ、こうはゆかない。
　もとは襖絵で（よく見ると丸い引手の跡が見つかる）、大徳寺の塔頭、大仙院の旦那の間、つまり客間に描かれていた。他の部屋の絵は水墨山水画や、中国の高僧の逸話や故事人物、帝王教育の目的で描かれたのが始まりという四季耕作図など、聞いただけで肩が凝りそうなお堅い主題のものばかりである。
　そんな襖絵の中で、原寸大の桃の花や紅白の牡丹、見つめ合う雌雄の鳥たちは、とても鮮烈で、けれど微笑ましい。仏事の後でこの部屋に通された客たちも、思わずほっと一息、ついたのではないだろうか。

何でも描ける狩野派

　狩野派といえば日本絵画のなかでは最大の画派で、戦国から江戸時代にわたって300年以上、画壇の頂点であり続けた。はじめは弱小の下請け業者だった狩野派が、時代の変動の波に乗ってぐんぐんのし上がってゆくのは、ちょっと愉快な見ものだ。その狩野派浮上のきっかけを作ったのが、元信なのである。

　狩野派は、前項の雪舟と同門で周文の水墨画の流れを引く。元信の父の狩野正信が、雪舟が師事した周文の弟子、小栗宗湛に学んだとされるからだ。しかし当時の都で有力であったのは、雪舟でもなく、同じく周文の弟子で室町将軍に同朋衆として仕えていた阿弥派（能阿弥・芸阿弥・相阿弥の親子三代）であり、正信は相阿弥の下で仕事を請負っていた。

　下請けの絵師に、創意工夫を試みるだけの余地はない。『蔭涼軒日録』によれば、東求堂の障子絵の仕事の場合、相阿弥から「どういうテーマで、だれそれ風に描け、試しに下図を1枚描いて見せろ」と指示されている。テーマはすでに決まっていて、描き方も中国の画家のだれか風に描けというのだから、今でいえば「このテーマでピカソ風に、いややっぱりルノワール風で、ちょっと描いてみろ」などと注文されるわけである。さらに「この頃困窮しているので、もう少し戴けませんか」と言上していたりもする、いささか情けない様子がうかがわれる。

　息子の元信は、この状況からどうにかして脱け出したいと思ったであろう。けれども自力でどうにかできるのは、自分の腕前だけである。そこで、描けと言われればどんな主題でも、どんな風にでも描けるようにと、さまざまなジャンルの絵を学び、ひたすら身につけたのである。周文以来の水墨画はもちろん、極彩色の堅い仏画も、肖像画も、中国のリアルタイプの花鳥

画も、大衆向けの扇絵も、果ては絵巻のような大和絵の技法を学ぶために、日本の宮廷絵所のトップであった土佐光信の娘と結婚までしたといわれている。

　元信がここまでして光信に大和絵を学んだという話は、江戸時代の民衆にも好まれ、『傾城反魂香』という人形浄瑠璃になり、歌舞伎としても上演された。元信の描いた虎が絵から抜け出るという、とてつもない芝居内容の信憑性はともかくとして、元信が実際に大和絵をも得意としていたことは、現存する元信筆の「清凉寺縁起絵巻」や、「酒呑童子絵巻」などの活き活きとした筆づかいを見てもわかる。

　どんなジャンルの絵も描け、ジャンルを超えても描けることを武器に、元信の狩野派は、零細下請けから、少なくともオールラウンドの若手有能事業者程度には、売り出せるようになったのである。

　室町幕府が倒れ戦国の世になったとき、元信の孫の狩野永徳は、戦国時代に合う、今までにないような絵—金碧障壁画—を案出して、画壇のトップに躍り出た。けれどもそれは、どんなテーマでもどんな風にでも描けるように腕を磨き、様々な絵画のジャンルの垣根を取り払った、祖父の元信あってのことでもある。

同朋衆の仕事

狩野正信に指示を出していた室町将軍の同朋衆としての阿弥派の仕事とは、今の美術館学芸員（キュレーター）とアートディレクターを兼ねたようなものだ。輸入された絵画や書、陶磁器などの購入と鑑定、保存管理や茶会などに出す品物の選定や展示、リストと取扱説明書（『君台観左右帳記』）作り、ここまでが美術館学芸員の仕事である。

他にアートディレクターとして、本文の東求堂襖絵のように新たな作品が必要となった場合、画題から描き方まで指定して発注も管理もする。さらに本人たちも代々、現役の一流水墨画家であった、阿弥派だってなかなか凄いのである。

掛軸
かけじく

　巻物を横に開くのが絵巻なら、縦に開き壁に掛けて鑑賞するのが掛軸である。
　日本では、床の間が作られるようになった南北朝以降は、もっぱら床の間に掛けられることになり、それに合わせて好ましいサイズも決まってくる。横長画面の絵巻に対し、掛軸では総じて縦長の構図を楽しむことが多い。

伯牙鍾子期図（狩野派　室町時代）　メトロポリタン美術館

安土桃山時代（16〜17世紀）
…絵画も武器である

　戦国時代といえば、天守閣が脳裏に浮かぶが、天守閣に実用性はない。なぜそんなものを造るかといえば、ハッタリのためだ。高い石垣の上に輝く天守閣に見下ろされ、こんな凄い奴を敵にしたくないと相手に思わせるのが目的なのだ。

　安土桃山の絵画は、そんな城に合わせて発展した。金地の襖（ふすま）や屏風いっぱいに、原色の龍や獅子。威圧的で金持ちそうで、相手を平伏させるための絵、絵画も戦国大名の心理戦に勝つための武器なのである。

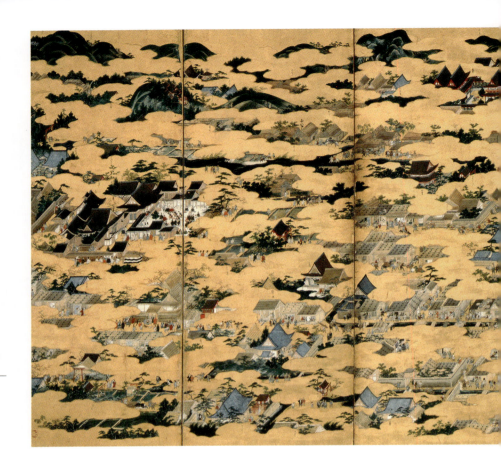

洛中洛外図屏風(上杉本)
らくちゅうらくがいずびょうぶ

安土桃山時代　狩野永徳　六曲一双のうち右隻　国宝

米沢市上杉博物館

はじめての日本美術史　安土桃山時代

　地上100メートル程の上空から見た、花の都である。金雲の間からのぞくのは、寺々の屋根と、左中に御所の前庭、今もにぎやかな四条通りの商店街、右上方の鴨川の対岸には、八坂の塔や清水の舞台や三十三間堂も見える。
　近寄ってみると、もっと楽しい。御所では新年の行事が行われ、四条の仮橋を夏の祇園祭の神輿が渡り山鉾が巡行中、四条通りは買い物客と見物客でごった返している。右隻にはないが左隻には、嵐山渡月橋での紅葉見物や、雪の金閣寺が、一条にはこのころ出来て評判の風呂屋もある。小指の半分ほどの人物が、2500人近く描き込まれているのだ。名所や四季の行事や祭礼から最新流行の風俗まで、都のいいところがびっしり詰まっている。
　見ていると京都に行ってみたくなる、観光案内のパンフレットのようだ。

■洛中洛外図屏風の注文主

　洛中洛外とは、京都の内外のことをいう。16世紀の洛中洛外図屏風はどれも、京都の大寺院などのランドマークや街並みが、今でも観光案内マップに使えそうなほど、地理的にもかなり正確に描かれている。

　16世紀のはじめ、洛中洛外図屏風を注文したのは、越前朝倉氏のような地方の戦国大名たちであったという。地方大名が、行ったこともない都の屏風などを描かせて、一体どういうつもりだったのか。ジオラマのようにぐるりと屏風を立て回して京の街を再現し、いつか都に攻め上るという大きな夢を見たのか、あるいは都で戦うことになれば、どこから入ってどのように攻めるというシミュレーションに用いたのだろうか。

　応仁の乱で焼野原が広がっていたという京都を、ことさら賑やかに楽しげに描かせたのは、大願にむけて自分と部下を鼓舞するためかもしれない。地理的な正確さは、シミュレーションの目的があったことを裏付けるかのようでもある。

　この時期の洛中洛外図屏風の最上のものが、上杉家に伝わった、この上杉本である。絵は3センチほどの人物の小袖の模様まで精緻に描かれ、通行人の一人ひとりも活き活きとしている。この屏風は『越佐資料』によれば、狩野永徳の作で、天正2年（1574）にあの織田信長から上杉謙信に贈られたものという。これは織田信長が室町幕府を滅亡させた翌年にあたる。

　あまりにも有名人ばかり登場する、出来すぎた話に聞こえる。屏風にはこの時期にすでに失われた建物もあることから、近年この記述を疑問視して、天文16年（1547）に永徳の祖父の狩野元信が描いたとする説が出され、大論争を巻き起こした。

　しかし黒田日出男により、さらに古い『（謙信公）御書集』に『越佐資料』とほぼ同じ記述があることが指摘され、現在は狩野永徳作と見るのが通説となっている。『（謙信公）御書集』には、屏風が永禄8年（1565）9月に描かれたともあり、これは13代将軍足利義輝が暗殺された直後にあたる。

そこで義輝のために制作中の屏風が、その死によって受け取り主を失い、織田信長に献上されたのだと、黒田は推測する。そうだとすれば上杉本洛中洛外図屏風は、さらに凄い来歴の持ち主ということになる。

その信長の死後、豊臣秀吉によって天下が統一され、秀吉の没後に豊臣と徳川が対立状態となった17世紀前半、洛中洛外図はがらりと構成を変える。地理的正確さよりも、豊臣方の象徴である方広寺大仏殿と、徳川方の京都における居城である二条城とが強調され、対峙するように描かれるのだ。豊臣方に肩入れする者であれば、方広寺を大きめに、徳川方であれば二条城を目立たせてと、注文主の立場が反映された屏風となった。

そんな生臭い政治的配慮に嫌気がさしたと思しき洛中洛外図屏風がある。舟木本洛中洛外図は、方広寺と二条城の対峙という定形に沿いながらも、重点は遊楽にうつつを抜かす人々や、四条河原の歌舞伎、遊郭の男女の駆け引きや、市井の商店や行商人や物乞いのような風俗に置かれている。「彦根屏風」（146ページ）のような近世風俗画の時代が、すぐそこまで来ているのである。

江戸図屏風

徳川の世になって幕府が江戸に移ると、京の都を描いた洛中洛外図に倣って、江戸でも江戸図屏風が作られた。当時開発中の江戸の町は、もっぱら京をお手本として建設されていたので、名所も京の名所になぞらえて描かれている。

その一例が徳川家の菩提寺である東叡山寛永寺で、比叡山延暦寺の東国版といった名称である。山下の琵琶湖にあたるのが不忍池、小さいけれど竹生島にあたる弁天堂や、清水寺に当たる清水堂も、ちゃんと描かれている。

唯一、江戸にあって京にないのが海、そこで江戸図屏風には、麗々しく飾られた船が並ぶ品川の海が描かれている。

南蛮屏風
なんばんびょうぶ

安土桃山時代　一双のうち右隻　重要文化財

南蛮文化館

　異国のものを見るのは楽しい。話に聞く中国やインドよりまだ先の、聞いたこともない国々から、顔立ちも髪や肌の色も違う人たちが、見たこともないキラキラした衣裳に身を包んで、面白そうな品々を携えて来るのだ。
　南蛮人の行列ともなれば、これはお祭りのようなもの。クリスマスプレゼ

　ントの箱を開けるように、あるいは七福神の宝船を迎えるように、わくわくドキドキしながら、みんな見物に戸口に集まってくる。ちょっと怖いのか、窓からこっそり覗いている人もいる。

　そんな楽しいものならば、戦国大名だって大店の主人だって見てみたい、そこで南蛮屏風が描かれた。仰せつかった絵師は、前代未聞の南蛮行列をどのように絵にすればよいのか、さあ大変。彫りの深い顔立ちの表現に鼻の高い天狗の顔貌を用いたり、着衣に異国的な金の唐草模様を描いたり、屋根に十字架の立つ教会が金閣寺のようだったりと、なんともぎごちなく、日本的な金雲や松樹とはミスマッチの感もある。そんな異文化とのぶつかり合いが南蛮屏風の魅力である。

南蛮屏風の別の面

　しかし南蛮屏風は、ただ楽しいだけではない。南蛮貿易には「胡椒と霊魂の救済のため」と言われるように、異国との通商に加えて、カトリックの布教という目的、さらに相手国の状況によっては植民地の獲得という側面もあるからだ。

　だから南蛮人たちは、西洋文化とキリスト教の素晴らしさをアピールするために、綺羅を飾って大仰に行列をする。本国ではとても穿かないような大きく膨らんだズボンに、最上等のビロードや金モールのついた上着とマントにフリルの飾り襟、色とりどりの帽子。最も偉いことを強調するように、カピタンには日傘が差し掛けられ、一団の後からは黒い肌の従者たちが、カピタンの倚子や、孔雀のように珍しい鳥獣の籠や、異国の文物を持って後に続いている。

　絵師も負けてはいない。未知の文物を記録に留めようと必死である。屏風のもう一隻には港に着いた南蛮船の様子を細かく写し、日本とは異なる洋犬や、同じバテレンでもイエズス会の黒帽、黒衣と、フランシスコ会の毛織物に縄帯、裸足と、違いをちゃんと描き分けている。先頭の白人たちと荷を担ぐ黒人たちとの違い─なでつけた髪と、強くカールした黒人の髪、金の文様入りのズボンと格子縞（恐らくはマドラスチェックだろう）の木綿のズボン、カラフルなタイツと靴に対して裸足─まで、こと細かに描き分ける。どうにか潜入でもしたのか、教会堂内には礼拝する男女の日本人やバテレンの手に接吻する人、告解をする人も描かれている。この屏風には、絵師に判る限りの南蛮文化とキリスト教の情報が、載せられている。

　このような南蛮屏風を、誰が注文したのか。恐らくは、ちょっとだけ出遅れた戦国大名や、商人たちではなかったかと、私は思う。南蛮貿易では火縄銃や大砲、南蛮具足と呼ばれる西洋の鉄鎧のような武器も扱う。その火縄銃をどれだけ持っているかが、国内の戦の勝敗を左右する時代でもある。渡来の銃や武具で利を得た商人やしこたま入手できた大名たちには、直接南蛮人と会い、宗教問答さえもする機会はあった。けれども彼等には、

南蛮の文化に通じていることを誇る必要はない、むしろ戦略上は秘した方が得策かも知れない。しかし時流に乗り遅れた者たちも、南蛮文化を知らないと言っていてはすまされない。商売敵や相手の大名に侮られないように南蛮屏風を飾り、精一杯南蛮通を気取ったのではないだろうか。南蛮屏風は、そのような生臭い政治的側面も持っていたのである。

のちにバテレン追放令が出され、キリスト教が禁教になっても、南蛮屏風は消滅しなかった。屋根の十字架が消えたり、教会の内部が塗りつぶされたりしながらも、異国から福と富をもたらすめでたい「宝船」のイメージの下に、描き続けられたのである。

もうひとつの「南蛮屏風」

南蛮屏風と呼ばれるものにはもう一種類、全く別の屏風がある。南蛮人を描いたものではなく、南蛮人から日本人が習った西洋画法で描かれたものである。

伝道を始めたイエズス会の宣教師ヴァリニャーノは、安土や長崎に日本人のためのキリスト教に基づいた学校、セミナリヨを開いた。そこではキリスト教教義の他に、ラテン語や音楽、絵画などが教えられていたという。

この時期はヨーロッパではルネサンス期にあたり、絵画では油絵具が取り入れられ、遠近法や陰影法が急速に発達した時期でもある。セミナリヨではそんな先進の絵画技術が日本人に教えられ、ザビエル像のような宗教画の他に、戸外で奏楽をする男女や「泰西王侯騎馬図屏風」のような、西洋の風俗を描いた屏風も作られている。

原本は恐らく西洋の小さなモノクロの銅版画や挿絵と思われ、これを屏風へと拡大し彩色したのである。よくもこれほど立体感や遠近感を習得したなと感心するのだが、こちらの西洋技法はキリスト教が禁教になると、断絶してしまう。或いは棄教し、或いは殉教し、或いは海外に逃れて、異郷の地で絵を描いていた者もあるという。

唐獅子図屏風(からじしずびょうぶ)

安土桃山時代　狩野永徳(かのうえいとく)　六曲一双のうち右隻
(左隻は後に狩野常信が本図に合わせて描いたもの)
宮内庁三の丸尚蔵館

　なんとも豪壮な屏風である。通常より縦横とも三割方大きい巨大な金屏風に、巨大な獅子が２匹、勢いに乗った筆遣いで描かれている。作者は狩野永徳、戦国の覇者織田信長と豊臣秀吉に、相次いで重用されただけのことはある。
　金地に彩色、大画面にわかりやすい題材、このような絵を金碧障壁画と呼ぶ。室町の地味な水墨画から、なぜ突然、こんなキンキラキンの絵が出てきたのだろうか。

戦国の絵師、狩野永徳

　戦国大名に必要なのはハッタリである。こけおどしでも何でも相手を圧倒して、戦意を失わせてしまうことだ。天守閣はそのために造られた。あんなもの、戦さではせいぜい見張り塔くらいの役にしか立たない。けれどもどんな遠くからでも仰げ、信じられないほどの金と人手をかけたことが誇示される。交渉しようとやって来た相手に、思わず「あなたには敵わない、配下にしてくれ」と言わせてしまうための最大の武器である。その天守閣にあわせて永徳が案出したのが金碧障壁画、いかにもど派手で金持ちそうだ。相手を圧倒するための、戦国という時代が求めた絵なのである。

　けれども永徳は、はじめからそんなスケールの大きな絵を描いていたわけではない。永徳の初期の作品に、128ページの上杉本洛中洛外図屏風がある。近年、この一双に描き込まれた2500人ほどの人物の、小指の先ほどの一体一体には、目鼻立ちから流行の小袖の模様、めくれた下着の柄までも表されている。極めて丁寧な描き方からは、元信の孫としてデビューした若い永徳がたっぷりと時間をかけ、精魂を込めたことが伝わってくる。

　そののち永徳は、織田信長に見出され、一門を率いて安土城の障壁画を描くこととなる。安土山上の天主閣（安土城に限ってはこの字を用いる）は、七層の天主閣の最上階はすべて金色、その下の階は朱塗の柱の八角形、下層には巨大吹き抜けを伴い、壁や襖はすべて金箔貼りという、派手で奇天烈な建造物であったという。この空間に合うようにと、永徳は一体どのような絵を描いたのか。しかし安土城は、本能寺の変の折に焼失してしまって、現存しない。

　信長亡き後、永徳は豊臣秀吉の下で大坂城障壁画、聚楽第障壁画と、一生一代ともいうべき大仕事を相次いで任される。秀吉公のお気に入りともなれば、配下の大名も公家も、大きな城や屋敷を建てればこぞって永徳に障壁画を依頼する。細かい絵をちまちま描いては間に合わない、そこで絵はどんどん大きくなる、巨大な藁筆で勢いに任せ、描く松梅の大きさは数十メートルに及び、それが未だかつてない新様式になった、と後に『本朝画

史』は評している。

　そんな凄いものなら見てみたい、しかし永徳の作品は数えるほどしか残っていない。専ら天下人の城郭に描いたことが災いして、安土城も大坂城も聚楽第も、代表作は全て持主とともに失われてしまったのである。

　「唐獅子図屏風」は毛利家に伝来したもので、かつては秀吉の陣屋屏風であったと伝えられてきた。しかし近年、破却された聚楽第の床貼付（床の間の壁画）であった可能性も指摘されている。そう言われてみれば、屏風にしては異常に大きいし、左端の枝の先にはまだ絵が続きそうに見える。

　いずれにしても永徳の最盛期の作品、乗りに乗って勢いで描いて、見る者を圧倒する、いかにも戦国時代の集大成にふさわしい絵である。

江戸の絵師、探幽

戦国時代の求める絵を創ったのが永徳であるならば、その戦国の絵を江戸時代が求めるものに変えてしまったのが、永徳の孫、探幽である。
狩野探幽は11歳で徳川家康に拝謁し、御前で絵を描いた天才少年で、20代で一門を率いて二条城障壁画を、祖父の永徳風にコテコテの金箔地の大画面に原色の巨大な松をド迫力で描いている。
けれどもその後、探幽の絵は一変する。金箔地からうっすら金泥を刷いた素地へ、原色から水墨が淡彩中心へ、大きなモチーフから余白を活かした画面へと、狩野派の画風は今までになくあっさりしたものになる。
京の戦国大名好みの派手さから、江戸の徳川幕府の望む質実剛健へと、時の支配者の好みを先読みし、自らの絵を変えて行った。探幽のこの気配りの結果、狩野派は徳川幕府が崩壊するまでの長期にわたって、その御用絵師であり続けたのである。

桜図
さくらず

安土桃山時代　長谷川久蔵　旧祥雲寺襖絵　金地著色　国宝
はせがわきゅうぞう

智積院
ちしゃくいん

　　たかが花じゃないか、どうしてそれが桃山時代の華麗さを代表するのか。
　　まずはその大きさを見てほしい、できることなら原寸大で伝えたかった。
大判の襖障子４枚分、縦170センチ、横６メートルを超える大画面の金地
ふすましょうじ

の雲を前に左右に枝を拡げた満開の桜の樹。桜の花は実物より大きく、野球のボールほどもあって、八重の花びらにはふっくらと絵具が盛り上げられている。

　この桜図と対になる襖絵が楓図、久蔵の父、長谷川等伯の作品である。教科書でこちらの写真を見た人もあるのではないか、楓は幹回り１メートルを超えそうな巨木、この紅葉も原寸大以上で朱と緑に彩られている。

　材料も豪勢で、画面の大半を占める雲は金を薄く延ばした金箔を貼ったもの、赤は辰砂、緑は孔雀石、群青は藍銅鉱、宝石にされるような高価な石を砕いた岩絵具がふんだんに使われている。

　しかしこれは礼拝の対象でも、誰かの肖像画でも記録画でもない。ただの障子絵、いってみればインテリアに過ぎない。そこが桃山の贅沢なのである。

ライバル長谷川派

　これらの襖絵は、豊臣秀吉が遅く授かり数え年3歳で死なれた愛児、棄丸の菩提を弔うために建てた祥雲寺客殿の襖絵であった。これほどの天下人の大事業は、本来ならば等伯親子のところへなど、回ってくることはないはずだった。

　けれども桃山は成り上がりの時代である。長谷川等伯は「雪舟五代」と称してはいるが、能登の染物屋の出身であった。当地の寺院で仏画などを描いていたものが、30歳を過ぎてから一家を挙げて都に上り、人脈を拡げ、新たな時代に似合う表現を身につけてゆく。たとえば等伯の楓図が、金地の大画面に原色で描かれた、わかりやすい主題であること、一室の襖の端から端までいっぱいに枝を拡げ、太い幹が画の中に収まりきらずに襖の縁を突き抜けて空へと消えていることなど、桃山画壇に君臨していた狩野永徳（前項参照）の構図に学んだものであろう。

　こうして力をつけた等伯は、永徳の隙を突いて、狩野派の得意先であった仙洞御所の仕事を引き受けるまでに至るが、これに気付いた永徳の訴えにより、受注は取り消されてしまう。狩野派を脅かした長谷川等伯の芽はここで摘まれたはずであったが、心労からかその1月後に、永徳は病死してしまう。当時、狩野派の後継者の光信は永徳とは異なる繊細な絵を描いていたため「下手右京」などという不名誉なあだ名を付けられている。

　そんな時に出来したのが、祥雲寺の大仕事である。競争相手のいない間に、等伯はこの仕事を引き受けて一門で取り掛かり、自身は秋の楓を、期待の息子、久蔵には春の桜を任せた。時に久蔵は25歳、ライバルであった側の狩野永納さえも、後に『本朝画史』において「画を為して清雅父に過ぎたり」と評価するように、父よりもさらに洗練された、この雅な桜を描いたのである。地方出身の弱小画派の長谷川派が、織田信長・豊臣秀吉に気に入られていた都の狩野派に、追いつき追い越した一瞬でもある。この親子の競作、等伯の得意さはいかばかりだったであろうか。

　しかしこの翌年、久蔵は父に先立って26歳で急死してしまう。桜の絵は

久蔵の遺作で代表作になってしまった。跡継ぎと頼んだ息子を失って等伯ががっかりしている間に、狩野派には永徳の孫で後に狩野探幽として画壇に君臨する守信が生まれている。もしも久蔵が死なずに、等伯と二人して障壁画を描き続けていたら、江戸時代の主流は長谷川派になっていたかもしれない。桜図はそうした狩野派と長谷川派の転換点に位置する絵でもあるのだ。

　祥雲寺は豊臣家滅亡後、根来寺の智積院に与えられたので、客殿の襖絵も智積院の所蔵となって現在に至っている。この客殿は天和2年（1682）に火災で失われたが、襖絵の大半は取り外して持ち出され、焼失を免れた。さらに智積院は第2次世界大戦後の昭和22年（1947）にも火事に遭ったが、その際も、多くの襖絵が人力で持ち出され、難を免れたという。

　現在、襖絵は新たに作られたコンクリート造りの収蔵庫の中で、間近にゆっくり見ることができる。ちなみに同寺の大書院には、描かれた当初の色で再現された、複製の襖絵が展示されている。明るい光の下で見るとその色彩の強烈さにぎょっとするが、当時の薄暗い部屋の奥で、雪洞（ぼんぼり）の明かりに照らし出されたのであれば、これくらい派手でちょうどよいのかもしれない。

世渡り上手の狩野派

秀吉の没後、豊臣家と徳川家が対立する中で、狩野派は自派を3つに分け、それぞれの勢力に仕えさせた。すなわち当主の光信は徳川方に、永徳の弟子で一番の技量を持つ山楽を豊臣方に、光信の弟の孝信は御所に仕えさせ、どこが勝っても狩野派が生き残れるようにしたのである。
徳川方が勝ち残ると、光信は技量の優れた甥の探幽を養子として家康にお目見えさせ、徳川家の御用絵師としての地位を確立させた。こうして狩野派は江戸時代末まで画壇に君臨したのである。

屏風
びょうぶ

　つないだパネルをジグザグに立てて、文字通り風を遮る実用品である。日本に美術的な屏風が多くあるので、つい日本発と思いたくなるが、中国で成立して奈良時代に輸入された文化らしい。なにしろ紙製の消耗品なので、実物は中国にも残っていないが、唐時代の墓室壁画には結構描かれている。

　平安王朝において、屏風は風通しの良すぎる寝殿造りの建物に欠かせないインテリアとなる。屏風に描かれた絵を題材にして屏風歌も詠まれ、当時、絵入りの屏風は中国にまで輸出されたという。

　屏風の構造自体も発達し、パネル（1扇という）1枚ごとに1図ずつ別々の絵が描かれていたものが、南北朝時代には、6枚のパネルが隙間なく繋がった大画面全体に大きな絵が描かれるように変わる。

　このような大画面絵画の華やかな屏風は、日本から中国への輸出品となり、大航海時代のヨーロッパへも渡り、BIOMBOと呼ばれ珍重されたのである。

鈴木其一「朝顔図屏風」六曲一双のうち左隻　メトロポリタン美術館

江戸時代 (17〜19世紀)
…京と江戸

　面白いのは、京と江戸の庶民の美術である。京では裕福な商人たちの支援のもと、尾形光琳や伊藤若冲や池大雅らが大胆な絵を描く。

　江戸でははじめ京の真似をしていたが、多色摺り版画が開発され、貧乏町人でも買える安い浮世絵が発達した。商品名の「東錦絵（あずまにしきえ）」は、江戸発のカラー摺りの絵という意味、京の二番煎じから脱したのである。

彦根屏風
ひこねびょうぶ

江戸時代後期　六曲一隻　国宝

彦根市所蔵　彦根城博物館

物語を説明するための絵でも拝む対象でもなく、特定の誰かの肖像画でもない、ただ世間の様子を描いた絵、それが風俗図だ。彦根屏風はその代表作である。

　描かれているのは遊里で遊ぶ若い男女である。左側では流行の三味線を盲人の師匠から習っている。その後ろで男女が興じているのはバックギャモン（盤雙六）、その右には手紙を手にする男女と、恋文を書く女。これらは背後の屏風の水墨画と併せて、中国で君子のたしなみとされる琴棋書画のパロディーになっているのだが、まあ、そんなことはどうでもよい。とにかくみんな、カッコイイのである。

　右から３人目の男は毛先を広げた茶筅髷に黒の袖なし羽織、細い刀に上半身を預け、ちょっと危ういポーズを取っている。見返る女は高く結い上げた流行の唐輪髷に鹿の子絞りで模様の入った小袖で、珍しい洋犬を連れている。バックギャモンに興じる女の着物にも手の込んだ鹿の子絞りが使われ、男も洒落た朱鞘の小太刀、いずれも最新流行の高価な衣裳と髪形と小道具の美男美女だ。まるで高級ファッション誌のグラビアページのよう、見て憧れて楽しむ、そういう絵なのである。

■どうして風俗画が流行ったか

　この屏風はたいそう贅沢である。描かれているのは花街での遊びに過ぎず、美男美女は誰とも知れない。にもかかわらず、極めて腕の立つ絵師によって、丁寧に描かれている。絵師の技量は、三味線を教える盲目の老人の顔のリアルな描写や、背後の屏風中に描き込まれた巧みな水墨山水からも判る。普段はこの山水のように真面目な絵を描いていたところを、金に糸目を付けぬ注文主から、無理やり注文されたのではないか、「こんなものを描かせおって」とぼやきながら、屏風の山水を精緻に描き込んで鬱憤を晴らす絵師の顔が見えるようだ。

　それでも屏風の人物たちは、極めて魅力的だ。三味線を習う女の後ろ姿のひたむきさ、ゲームに興じる男女たちの心の機微、刀をついてカッコつけた若い男の「ねえ、彼女〜」という声まで聞こえてきそうだ。髪形も着物も想像ではなく、当時の高価な実物に即して描かれている。そこでこの屏風は、さかんに模倣されたようだ。ほぼそっくりの摸写もあれば、人物を組み合わせ変えて描いたものもある。江戸時代から、すでに大人気の屏風であったらしい。

　しかしなぜ、こんなファッショングラビアのような主題に、絵師の高い技術と金箔や高価な岩絵具が惜しげもなく消費されたのか。ちょっと意外なのだが、近世の風俗画には、戦国大名との関わりで発達した側面がある。

　きっかけは、洛中洛外図屏風にさかのぼる。当初、地方の戦国大名が洛中洛外図を注文した目的は、都に憧れただけでなく、都で戦う日のためのシミュレーション用であった可能性がある。天下統一をした秀吉の没後、豊臣と徳川の対立状態となったとき、洛中洛外図は豊臣方の方広寺大仏殿と、徳川方の二条城とを対峙させる構成となり、いずれの建物を目立たせるかに、注文主の立場が反映された。洛中洛外図屏風は見かけによらず、政治的な代物だったのである。

　やがて徳川方が勝ち、政治の中心が江戸に移ったとき、洛中洛外図はその役割を終える。戦略シミュレーションにも使えそうな地理的要素を含む

屏風は、あらぬ疑いを招く。大名が持つ屏風としては危険すぎたのである。そこでテーマは、名古屋城障壁画のように、君臣の正しい交流を描いた帝鑑図といった、お堅い教訓的故事に移行している。

そんな息苦しさに対抗するかのように、あえて地理や歴史や教訓的要素を含まない屏風絵も作られている。流行の見世物小屋ばかりを描く四条河原図屏風や歌舞伎図巻、そして流行のファッションの美男美女のみを扱った、この彦根屏風や松浦屏風。このような流行風俗を追った豪華な屏風や絵巻を、当時の年号によって「寛永風俗画」と呼ぶ。

そんな風俗画の屏風や絵巻も、武家諸法度の寛永令で華美な建築や調度が戒められると、武士階級においては下火になってゆく。そうした上層向けの高級調度に代わって、廉価版として登場したのが、「寛文美人図」である。

注文を受けて作られる寛永風俗画に対し、寛文美人図の多くは店売りの既製品である。屏風や絵巻の形態の寛永風俗画に対し、寛文美人図の多くは一枚のペラの掛軸、多くの美男美女が描かれる寛永風俗画に対し、美女を一人だけ描いた寛文美人図、手軽なだけにだいぶ値段も安くなってきた。掛軸の並ぶ店先でどの美人画がいいか、あれこれと選ぶ楽しみも生まれる。風俗画は、ちょっと頑張れば誰にでも手の届く存在になりつつあった。

誰が袖図屏風

ある意味で究極の風俗画と呼べるものに、誰が袖図屏風がある。絵の中に人の姿はなく、様々な着物が掛かっている衣桁（ハンガーラック）のみを描いたものである。

脱ぎ捨てられた衣装に男物の帯が混じっていれば、色っぽい連想も湧くが、おそらくは詳細に描かれた美しい模様の小袖のいろいろを、見て楽しむという趣向のものだったのであろう。

元禄期には都で衣装比べが行われるほど、この時代の着物の模様は大胆で洗練されていたのだ。

紅白梅図屏風
<small>こうはくばいずびょうぶ</small>

江戸時代中期　尾形光琳（おがたこうりん）　二曲一双　国宝

MOA美術館

　金地の左右に紅白の梅樹、間に水流、シンプルな取り合わせである。まずは水流を見てほしい。絵の一部とは思えないほどにデザイン化されていて、柔らかな水際の曲線の中に、光琳波（こうりんなみ）と呼ばれて女帯や漆器の皿にも使われる文様のような水流が、たっぷりと満たされている。

　一方の梅樹は、画面からはみ出しながらも、苔むした幹から元気に枝を伸ばし、紅白のふくらんだつぼみをぽつぽつと開かせている。光琳梅と呼ばれる家紋にもなったデザイン風の梅も存在するのだが、この梅は違う。横を向いたり後ろを向いたりと自然な形状で、金のしべがひとつひとつの花ごとに繊細に描き込まれている。

　抽象化された水流をはさんで紅白の梅樹が向かい合い、その枝先がほんの少しだけ、水流にかかる。絵の中にデザインが、写実に文様が取り合わされて、すんなりと溶け込んでいるのが、この絵の見どころである。この屏風ならば、江戸時代の大名や豪商の座敷にでも、現代のモダンな洋室の調度としても、違和感なく収まってしまいそうだ。

▎こんな絵を描いた光琳は

　尾形光琳の経歴は、ちょっと変わっている。誰もが名前を知っている有名な絵描きではあるけれど、本人はもともと、絵師になる気などなかった。それがなぜ、こんな絵を描くようになったのか。

　光琳の生家は、京都の呉服商の雁金屋である。呉服商というと現代の感覚では地味に聞こえるが、光琳の生まれた頃は、日本の着物の文様がいちばん派手で華やかであった時代で、その先端を突っ走っていたのが、まさに雁金屋であった。

　大坂夏の陣が終わり徳川の世になった元和6年（1620）、家康の孫和子（東福門院）は、武家の娘として初めて後水尾天皇のもとに入内し、生まれた娘はのちに明正天皇となる。和子の着物道楽とそのセンスは、群を抜いていた。自分だけでなく娘たちや女官たちの小袖の柄を考えては雁金屋に注文し、実家の幕府が支払う。一抱えもありそうな大きな花や波や道具などを着物の片側に寄せて配したもので、着物の文様としては日本の服飾史の上で最も大胆であろう。このようなデザインは時代の年号を冠して寛文小袖と呼ばれ、平和を取り戻した京の街で大流行する。ファッションリーダー和子の御用達として、雁金屋は絶大な人気を誇ることになったのである。

　光琳はそうした時代の雁金屋に、次男坊として生まれ育った。続々と受注されていた最高ランクの小袖模様を日常的に目にしていたことは、残された『雁金屋注文帖』からもうかがわれる。また雁金屋の一族は、皇族や大名家、豪商たちと接し遊興にふけるなかで、趣味として古典文学や能・茶・書などに親しみ、そのような教養の一端として光琳も絵画を習得していた。

　しかし東福門院が亡くなり雁金屋の経営が傾き、兄弟で分けた資産をも使い果たしてしまった光琳は、やむなく趣味であったはずの絵で身を立てることになる。かつて金持ちのぼんぼんであった光琳は、最高のデザインを扱う呉服屋に育って培われたデザインセンスと、身についた深い教養と、プロの絵師にはちょっと真似のできない、もと遊び人ならではの発想をもっ

ていた。

　描こうと思えば光琳は、狩野派のようにかっちりした絵や仏教絵画も描けた。しかし光琳が私淑したのは百年前の俵屋宗達、主流とは言えない一風変わった絵師である。扇の絵屋であった宗達の得意技は、絶妙の構図と、よく知られた古典絵画の意外な一部分を写し取り、全く別の絵に構成してしまうことである。例えば代表作の「風神雷神図屛風」では、それまで仏教絵画で観音の眷属として脇役であった風神と雷神を、二曲一対の屛風に主役として大きく描く。

　光琳はこの屛風によほど影響を受けたようで、原寸大でそっくり摸写した屛風が伝来する。比べればもちろん、摸写よりも宗達の方が凄い。ただし光琳は摸写しただけでは終わらない。風神と雷神が空間をはさんで対峙する構図を借り、流水をはさんで咲く紅梅と白梅に置き換えて描いたのが、「紅白梅図屛風」なのである。

　この「紅白梅図屛風」にはもう一つ、呉服屋出身の光琳らしい遊びが、加えられている。リアルな水流を表現する代わりに、着物の文様のようにデザイン化された水流をパッチワークするように描く。絵画と工芸の境界を平気で越えてしまう、こんな真似は光琳にしかできない。

もうひとつの代表作は

光琳のもう一つの代表作である「燕子花図屛風」は、『伊勢物語』の東下りの場面をテーマとする。けれども光琳は物語の主人公の在原業平も友人も、舞台となった八橋も、水流さえも描かない。ただ業平の詠んだ歌の燕子花だけを、群青の濃淡と緑で描く。『伊勢物語』を知っていて判る人だけが「ああ、東下りのあの話を描いたのか」とうなずく。
このように物語の主人公を、姿を描かずに背景や小道具だけで表すことは、工芸の世界では「留守模様」と呼ばれ、着物や帯や漆器にしばしば行われていた。光琳の子孫に伝わった『雁金屋注文帖』にも、そのような燕子花の小袖の図案が残っている。その染織工芸のデザイン感覚を、そのまま絵画に取り入れたのが「燕子花図屛風」だったのである。

動植綵絵

154

動植綵絵(南天雄鶏図)
どうしょくさいえ

宝暦7年(1757)〜明和3年(1766)頃　30幅のうち　伊藤若冲
い とうじゃくちゅう

宮内庁三の丸尚蔵館

　若冲といえば鶏の絵である。なにしろ町家の裏庭で実際に飼って、写生ばかりしていたというのだから。それにしてもこの軍鶏は、なんとも雄々しい。嘴から蹴爪まで真っ黒で、首元と右胸に赤い肌が見えるのは歴戦の傷跡だろうか。一瞬で敵を蹴殺しそうな脚を踏ん張り、尾羽根をゆさゆさと、首の羽毛をなびかせて振り返る。一声啼いたか、嘴の中に黒い舌がちらりと見える。人間なんかより、よほど凄味がある。

　頭上には赤い鶏冠と呼応するように、南天の実が真っ赤な房となって垂れ下がる。南天と鶏冠の粒々は、一粒ずつ克明に描かれているので、ぶつぶつしたのが苦手な人に敬遠されそうなほどだ。けれどもこの超リアルな生々しさが「昔の人も、やるじゃないか」と、昨今の若冲人気につながっている。

　本図を含む動植綵絵30幅は、若冲が40代の約10年をかけた作品で、鳥や虫や魚類と植物が、大判の絹地に極上の絵具で丹念に描かれている。若冲の父母と弟と自身の永代供養のため、釈迦三尊図とともに相国寺に寄進されたものだ。寺では毎年6月17日の観音懺法会に掛けられていたが、明治の廃仏毀釈時に皇室に献上され、その下賜金で相国寺は窮乏期を乗り切ったという。

はじめての日本美術史　江戸時代

若冲の別の面

　京都の絵師の中でも、若冲はとりわけ変わり者だったらしい。生まれは錦市場の青物問屋、長男なので、本来なら家業を継いで精を出さなければならない立場である。しかし父の死後、23歳で後を継いだ若冲は家業に熱意を持たず、酒にも女にも芸事にも関心がなく、旦那衆の付き合いにも顔を出さなかったという。

　その若冲が唯一、興味を示したのが絵画である。はじめ若冲は狩野派に学んだが、順を追って出されるお手本を模写するという、狩野派のマニュアル化された教え方に馴染めなかったらしい。狩野派をやめてしばらくは、自分で勝手に絵を探して来て模写していたが、やがて、町家の庭でたくさんの鶏を飼い始め、ひたすら写生をするようになったのだという。だから若冲には鶏の絵が多くて、人物画はめったになく、隅々までリアルに描き込む濃密さも、この時代に例がない。

　40歳を期に家督を弟に譲って隠居し、絵具代や絵絹代に糸目をつけずに、10年がかりで仕上げて無料で寄進したのが、先の30幅の動植綵絵である。そのうちの何図かは、表面からだけでなく裏からも絵具を加え、薄い絵絹を透かしてほんのり色が見える効果も狙った、裏彩色という恐ろしく手間のかかる描き方をしている。

　そんな人付き合いが苦手な若冲の、採算度外視で不器用な生き方は、マニアックなまでにリアルな鶏の絵とあいまって、引きこもりのオタク絵師として、むしろ現代人には親近感を持って受け入れられている。

　しかし後年の若冲は、意外にも有能な交渉者だったのではないかという。56歳の時に実家のある錦市場が、商売敵の謀略によって営業停止の憂き目を見た時、若冲があちこちに掛け合った結果として、3年がかりで錦市場の再開許可にこぎつけたことが判明したのである。齢を重ねて若冲も精神的に逞しくなったのか、あるいは青物問屋を継ぎたくないばかりに、若いころは無関心なふりをしていたのだろうか。

　85歳までと結構長生きした若冲は、絵の技法でもあれこれ冒険をしてい

る。あのリアルな極彩色の描写だけではなく、水墨画では雄鶏を際立たせるために、雌鶏やヒヨコをくるっとした丸に目口のような略画で描いてみせる。墨の濃淡の点々の集積だけで花崗岩の材質感を出して、石燈籠を表現する。実家が青物問屋だけに、野菜の真中に大根を横たえ臨終の釈迦に見立てた「果蔬涅槃図」、波間に潮を吹く黒い背中だけの「鯨図屏風」、よくもまあ、こんなものを考え付いたものだ。

　斬新なものに、極彩色の「鳥獣花木図屏風」がある。画面を細かなマス目に区切って、マスごとに色を変え、様々な鳥や動物たちを表現するのだ。今ならば刺繡のクロスステッチか、コンピューターのドット絵にあたる発想だが、一対の屏風ともなれば、とてつもない時間と手間がかかったはず。

　若冲がこんな方法を考え付いたヒントは何か、朝鮮半島の工芸品なのか、西陣織の下図からか、判らない。絵に関してならば若冲は、とてつもないアイデアマンだったのである。

京都の変な絵師たち

変わり者なのは、若冲だけではない。この時期の京都では結構、変な絵描きが続出している。

今のマンガのようにひょうきんな顔の龍や獅子や仙人を、風の動線とともに原色で描く曾我蕭白（俺みたいに気迫で描くのが画なんだとうそぶいていた）や、蕭白に目の敵にされた玩具絵出身で程のよい写生画を描いた円山応挙、その弟子なのに喧嘩っ早く、画面いっぱいの巨大な牛とか象とか、ナメクジとその這った跡とか、ケレン味あふれる絵を描いていた長澤芦雪、次項で出てくるヘタウマの文人画を描く池大雅も、能天気そうな俳画を描く俳諧師の与謝蕪村も、その一人である。

どうしてこんな変な絵師ばかりと言いたくなるが、そんな個性的な絵師と絵を面白がって受け入れる、大らかな文化が京都にはあった。室町末期以来の、俵屋宗達や尾形光琳のような新しい絵を許容する町衆文化を受け継いでいるのであろう。江戸で浮世絵が急速な発達を遂げる18世紀後半、京ではこんなことが起こっていたのである。

十便十宜図
158

十便十宜図(のうち釣便)
じゅうべんじゅうぎず

明和8年（1771） 池大雅・与謝蕪村　画帖　国宝
いけのたいが　よさぶそん

川端康成記念会

　何とも呑気な絵である。これが国宝？　日本の文人画の代表作？　川端康成の愛蔵品？　そんな仰々しいことを言われても、ぴんとこない。けれども右に書かれた詩のテーマに合わせるなら、このくらいゆるい描き方がいい。舞台は中国、清代の劇作家にして文人の李漁が、田園生活の良さを詠んだ十便十宜の詩である。江戸時代の池大雅と与謝蕪村が、これに絵をつけた。大雅が十便（田舎暮らしの十の便利なこと）を、蕪村が十宜（田舎暮らしの十の宜いこと）を、それぞれ十図に描いた結果、十便十宜図は日本文人画の二大巨匠の競作となった。

　大雅の十便図では、行ったこともないはずの中国の文人生活が、いかにもそれらしく大らかに描かれている。釣便はその一図で、「わざわざ出かけなくても、軒先で魚釣りができる、客が酒を持ってきたので、肴を釣る」という詩をそのまま絵に描いたもの。趣味の釣りなので、いつ釣れるか判ったものではないが、おもむろに釣糸を繰り出す主人や、肴は釣れるまでお待ちくださいと言われている客人たちの、ちょっととぼけた表情が、詩の雰囲気とよく似合っている。

はじめての日本美術史　江戸時代

大人のための絵

　受験生だった当時、教科書でこの絵を見てやたら腹が立った。こちらは睡眠時間を削って勉強に励んでいるのに、肴が釣れるまで酒を飲んで待っている絵なんて、何の教訓にもなりゃしない。大体、このおっさんの描き方は何だ、一筆入魂とばかりに気合いを入れて描いた絵ならばまだ許せる、けれどもこの脱力しきった筆づかいは何だ。こんな絵がなぜ国宝に指定されたのか──と、八つ当たりした経験はないだろうか。

　たしかに十便十宜図は、若者のための絵ではない。猪突猛進する受験生にとって、こんなのんびりした風景は目の毒以外の何物でもないのだから。今になってつくづく思う、文人画というのは、大小の挫折を経てきた大人のための絵なのである。

　その文人画とは何なのか。文人の描いた絵が文人画なのだが、ならば文人とはどのような人か。文人とは中国の知識人のことで、画家ではない。そんな素人の知識人が描いた絵がなぜ尊重されるのか、話はちょっと長くなる。

　古代中国では、政治に関わり支配者を補佐して善政を敷こうとするのが、孔子をはじめとする教養を持つ男たちの生き方だった。けれども例えば後漢滅亡後に王朝が乱立した時代の支配者たちは疑心暗鬼で、自分より優秀そうな人物がいれば、難癖を付けて殺そうとする。そこで狙われた知識人たちは政治に関心が無いことを示すために、あえて趣味に生きた。竹林に集まっては自然を楽しみ、政治に関係のない話──清談をして詩を作り、趣味の琴棋書画に没頭してみせた。

　そんな中で描かれるようになったのが文人画である。言いたいことも言えない世の中なんて嫌だ、素朴でもいいから争いのない世界に暮らしたい、そんな鬱屈した思いを架空の風景に託して描いたのである。プロの画家ではないので、上手いはずがない。けれども文人の気持ちに共鳴する者にとっては、上手下手などどうでもよかろう。絵を見て俗世間を厭う作者の気持ちに共鳴し、想像の中で草庵を訪ね、画中の作者と酒を酌み交わし語ることができればよいのだ。

絵の主題となった十便十宜の詩は明末から清朝初期に、劇作家として売れっ子でもあった文人の李漁が山荘に閑居していた時に、訪れた友人に「こんな田舎では不便だろう」と言われて、反論するように詠んだものという。今風に言えば、著名人のカントリーライフ礼賛で、ちょっと鼻持ちならない感じもなくはない。

　けれども日本の大雅は、田舎暮らしの良さを素直に、1枚ごとに本当に楽しそうに描いている。絵がもとの詩を超えたのである。だから、詩の意味だの絵の上手下手だのと、難しいことは言いたくない、大雅と一緒に遊んでほしい。宮仕えや都会暮らしに疲れた現代の大人にこそ見てほしい、癒やしの絵である。

　十便十宜図は現在、川端康成記念館の所蔵となっている。川端康成がこの絵に執着し、家一軒買うのをあきらめてまで、購入したものだという。あの気難しい顔をした文豪が、こんなにおおらかで呑気な十便十宜図の世界に憧れていたのかと思うと、微笑ましい一方で、どこか痛々しい気もする。

本場と違う、日本の文人画の定義

文人画の定義は、中国と日本でちょっと違う。本場中国では、職業画家でないアマチュアの文人が描いたものをいう。けれども日本では、プロの絵描きが描いたものでも、それらしい描き方をしていれば文人画と呼ぶ。

日本で最初の文人画家とされる池大雅からして、もともと売れない書家で絵描きで、ちょっと変わった扇の絵を描いては祇園社の門前で並べていた。その絵を見た柳沢淇園たちインテリ武士（つまり文人）たちが、生真面目な自分たちにはくだけた文人画が描けそうもないが、この青年ならばと、手本になりそうな絵を貸したり、助言したりして描かせた結果が、大雅のあのおおらかな絵なのだという。

最初にいかにも文人画らしい絵を描いた大雅がプロの画家だったので仕方ない、日本の文人画の定義は「文人が描いたもの」ではなく、「それらしい画風の絵」ということになってしまったのである。

ポッピンを吹く娘
（ビードロを吹く娘）

江戸時代後期　喜多川歌麿　婦女人相十品のうち

東京国立博物館

　「婦女人相十品」とは、当時流行した人相占いにかこつけて様々なタイプの女性を表した浮世絵版画で、喜多川歌麿の代表作だ。なかでも人気が高いのが、この「ポッピンを吹く女」、ちょっとおシャレな若い娘だ。
　髪を娘島田に結って銀のかんざしを挿し、振袖は人気歌舞伎役者佐野川市松好みの市松模様、紅と白の上に桜花が散りばめられている。重ねた着物も襦袢の襟も、同じ紅色系でコーディネート、対照的に帯だけはちょっと渋い色にして締める。手にしているのはこれまた流行のポッピン、ガラス（ビードロ）製で吹けばポッピンと鳴る、他愛のない玩具である。
　大判の奉書紙に、一面に鈍い光沢のある雲母を引いたシンプルな背景、そこに娘の上半身だけを画面いっぱいに多色摺で表わす。まるで鏡の前に本物の娘が立っているような、大迫力だ。それまでの美人画は全身像でという常識を破った、歌麿とその版元蔦屋重三郎の新機軸である。このような斜め向きの半身像は以後、大首絵と呼ばれて、浮世絵美人画のスタンダードとなったのである。

浮世絵なんて

　流行の占いに先端のファッション、かわいいグッズ、それではまるで雑誌のグラビアページではないか。そう、今でこそ浮世絵は美術品として教科書に載るけれども、当時の浮世絵は今の雑誌のようなもの、何でもありだ。男ならそれこそピンナップのポスターを買うように、娘ならば着こなしの参考にと買って、髪結いさんに持ち込んで、こんな風に結ってと注文を付けたかもしれない。浮世絵とは、そんな身近で気軽なものだったのである。

　もともと大量生産できる観賞用木版画としての浮世絵は、手描きの見返り美人図でも知られる菱川師宣の、12枚組「よしはらの躰」に始まる。用途は吉原遊廓の紹介と疑似体験なのだから、あまり威張れたものではない。さらに師宣は春画の組物を次々と出した。これを見て、それまで手描きの美人画を売っていた懐月堂派は版画で美人画を、鳥居清信・清倍は歌舞伎の役者絵を売り出した。いってみればアイドルのブロマイドである。まだ墨摺りの木版画に筆でちょいちょいと色を付けただけの素朴なものだが、大量生産で庶民も若い娘も気軽に買える値段になり、大人気を博した。

　その浮世絵がヴァージョンアップしたのが明和２年（1765）頃、墨摺り筆彩が多色摺りのフルカラーになったのである。きっかけは絵暦ブーム、それまで墨摺りで文字ばかりであった暦を洒落た絵の中に描き込む絵暦が流行し、絵暦マニアたちは自分で考案し絵師に描かせた図柄を版画に摺らせ、マニア同士で交換するようになった。この絵暦交換会を通して木版技術は急速に発達し、多色摺りになる。さらに絵暦交換会は、鈴木春信というスター絵師を生み出す。あどけない少年少女をパステルカラーで表した春信の作品は、絵暦だけで終わらせるのはもったいない。そこで春信の絵から暦の数字を抜き、「東錦絵」――江戸でできた錦のようにカラフルな絵――として売り出したのである。

　春信より約30年後、版元蔦屋重三郎の下で、大首絵として売り出された喜多川歌麿の美人画と、東洲斎写楽の役者絵によって、浮世絵の美人画と役者絵は最盛期を迎える。歌麿は遊女だけでなく、当時人気の高かった

町の茶屋の看板娘や人妻たちを流行の衣裳で描き、ついには呉服屋とタイアップして、各呉服屋のおすすめする今年の夏のコーディネート、などというシリーズまで出す。まるで今のファッション雑誌のようである。

　実際、当時の浮世絵のありようは、美術品としての絵画というよりも、雑誌をイメージする方が近い。浮世絵の値段は俗に「かけそば一杯分」と言われる。もちろん高級品も安物もあるが、それでも今の雑誌の価格とさほどかけ離れてはいない。雑誌の多くが読み捨てられるように、浮世絵もそんなに大切に取って置かれる物ではなかった。流行が変わって要らなくなれば、包み紙に使われたり、障子や襖の穴をふさぐために切って貼られたりもされたであろう。

　さらにジャンルが多様なことも、雑誌と似ている。美人画は女性にとってはファッション誌にあたろうが、女性の少なかった江戸では男性にとってはエロ雑誌の役割も果たしたであろう。歌舞伎役者を描いた役者絵は、今でいえばアイドル雑誌、相撲の力士や古今の武士の戦いぶりを描いた武者絵はさしずめスポーツ雑誌、江戸の後期に出てくる風景画は旅行雑誌に該当しよう。

　実際、こうした多様な浮世絵は、明治期になると、文明開化の情報を伝える開化錦絵や、絵入り新聞や、雑誌の巻頭挿絵へと新たな変貌を遂げてゆくのである。

版元（はんもと）

今の出版社社長およびプロデューサーにあたるのが、版元である。この時代には蔦屋重三郎（つたやじゅうざぶろう）が、喜多川歌麿や東洲斎写楽の浮世絵を売り出したことで、よく知られている。

　重三郎は、大田南畝（おおたなんぽ）や山東京伝（さんとうきょうでん）らの黄表紙（きびょうし）や洒落本（しゃれぼん）を出版して当りを取った。自らも蔦唐丸（つたのからまる）と号して狂歌も詠む粋人であったが、出版統制の見せしめとして財産を半減されてしまう。しかし重三郎はその後も、歌麿の美人画や、写楽の役者絵を大首絵として出し、大評判となったのである。

三代目大谷鬼次の江戸兵衛

166

三代目大谷鬼次の
江戸兵衛

寛政6年（1794）5月　東洲斎写楽

メトロポリタン美術館

　黒雲母の鈍く光る背景からぬうっと画面いっぱいに顔を出し、金を出せと歌舞伎の見得を切った瞬間である。吊り上がった小さい目、一文字に引き結んだ口、強張った顎骨の線から、強がって突っ張る小悪党の役柄が浮かび上がる。おお怖い、こんなチンピラに凄まれたら、誰だって有り金を放り出して逃げたくなる。写楽の似顔絵は、役者の特徴をデフォルメ（意図的に強調）したことで有名だ。でも魅力はそればかりではない、芝居の生々しさがそのまま伝わってくるのである。

　こめかみに垂れる後れ毛、縞のどてらの緑の裏地に真っ赤な襦袢、退廃の美学だ、カッコいいじゃないかと思ったところで、小さすぎる手に目がゆく。あら、まるで子供の手だ。しかしこの小ささが、突き出した顔の大きさを強調している。こんな大首絵（バストショット）が28種、いきなり蔦屋の店先に並んだら江戸っ子もびっくり、さぞかし大迫力だったであろう。

　けれどもこんなデフォルメは、写楽本人がはじめから意図したものだろうか。この後、写楽はせっせと役者絵を全身像で描くが、そこにはもう、これほどの迫力はない。あたかも大胆奔放な絵を描いていた幼児が、大人になると常識的なつまらない絵しか描けなくなってしまうように。ひょっとしたら写楽の魅力は初回限定、ビギナーズラックだったのかもしれない。

写楽の謎

　写楽は謎の絵師といわれる。「しゃらくせえ」みたいなふざけたペンネーム、本名は何か、こんな変てこな絵を描いた奴はどいつだ。誰もが気になるのであろう、謎解きに挑戦した結果、写楽の正体として挙げられた人物は、同時代の浮世絵師の歌麿、売れる前の北斎、版元の蔦屋重三郎、もと浮世絵師で洋風画家の司馬江漢、戯作者の山東京伝など数十名にものぼる。

　写楽の謎は、まだある。どうして突然、それまで無名だった絵師の浮世絵が、大判で黒雲母背景という資金のかかる摺りで、一度に28種も売り出されたのか。寛政6年（1794）5月から翌年1月までの閏月を含めてわずか10ヵ月で、なぜぱったり消えてしまったのか。普通はデビューしてからだんだん上手くなるのに、はじめに売り出された28枚がいちばん面白くて、その後どんどんつまらなくなってしまったのはなぜなのか。

　ヒントとなるのは、同時代の大田南畝による浮世絵師列伝『浮世絵類考』の写楽の記述である。「これは歌舞妓役者の似顔をうつせしが、あまり真を画かんとてあらぬさまにかきなさせし故、長く世に行はれず一両年にして止ム」、役者の似顔絵だが、リアルに描こうとするあまりやり過ぎてしまったので、1、2年ですたれてしまったという。

　歌舞伎はしょせん虚構である。江戸兵衛のような強盗も白塗りの顔で凄み、奥方のような女性の役を年のいった男が紅をつけて演じる。そのままに描いては役者だって嫌がるし、ファンの夢が破れるというものだ。実際、一両年どころではない、10ヵ月で写楽は消えてしまったのである。

　後の『増補浮世絵類考』では、斎藤月岑がここに「俗称斎藤十郎兵衛、八丁堀に住す。阿州侯の能役者也」と、付記している。これによれば写楽の正体は八丁堀の斎藤十郎兵衛で、阿波の大名お抱えの能役者だったことになる。

　まさかお能の役者が歌舞伎役者の似顔絵だなんてと、この記事を無視して写楽の正体探しが続いたのだが、近年になって月岑の付記を裏付ける証拠がぞろぞろ出てきた。阿波藩の記録に斎藤十郎兵衛が能役者として載る

こと、寺の過去帳に阿波藩の斎藤十郎兵衛が八丁堀地蔵橋に住んでいたとあること、『諸家人名江戸方角分』の八丁堀地蔵橋に写楽斎と記されていることである。

そこで写楽の正体は阿波藩のお抱え能役者、斎藤十郎兵衛ということで認められつつある。ならば、あんな変てこな描き方をしたわけがわかる。絵には素人の能役者だから。10ヵ月で消えて再挑戦しなかった理由も想像がつく。しょせん本業ではないし、サイドビジネスが上司にばれても困るのであろう。

しかし、正体がわかったから、もうつまらないというのは、まだ早い。謎解きは、終わっていないのだ。そんな素人の能役者に、どうして版元の蔦屋が目を付けたのか。なぜそんな素人絵を一気に28種類も売り出したのか。蔦屋の販売戦略の謎は、解けずに深まるばかりなのである。

歌川豊国（うたがわとよくに）

現在、役者絵といえば真っ先に写楽の名が挙がるが、当時の人に聞けば、有名なのは圧倒的に歌川豊国（うたがわとよくに）だったはずだ。

歌川豊国は写楽と同時期の浮世絵師だったから、同じ歌舞伎演目の同じ役者を描いた絵がいくつもある。比べてみると、個性的なのは写楽、役者の特徴や癖を好ましくないところまで描きだしてしまう。対する豊国は似ていないことはないが、現代の我々から見るとちょっと奇麗すぎるのだ。大首絵（おおくびえ）ならば目の縁にほのかに紅をぼかしたりして色っぽいし、全身像ならば絶妙のポーズで決めてカッコいい。豊国の役者絵には芝居で言うところの「華（はな）」がある。だから役者のファンならば、写楽よりも豊国の絵を買うであろうし、役者もきっと豊国に描いてもらいたがったであろう。豊国の役者絵は実物よりもちょっと美麗な、俳優のブロマイドや、映画のポスターのような存在だったのである。

歌川豊国は写楽よりもはるかに売れて多くの役者絵を残し、大勢の弟子が集まり、その中から二代、三代（歌川国貞）と師の名を継ぐ者が続き、現在も七代目が活躍中であるという。

冨嶽三十六景
(神奈川沖浪裏)

天保2〜4年（1831〜33）　葛飾北斎

メトロポリタン美術館

　波の絵としては、世界一有名である。盛り上がって崩れる瞬間の波頭のストップモーション、見たこともないのに、ああ波の裏はこんな色だったのかと思わせる濃淡の青。崩れた波頭と飛び散る白い泡、波間に翻弄される幾艘もの船、見ているだけで目眩がして船酔いになりそうだ。
　けれどもこの絵の本当の主役は、奥の富士山だ。日本一大きいはずの、誰もが知っているあの形が、よく似た形の白波に紛れるようにして波間に出現する。遠近法の妙で、日本一高いはずの富士山に、まるで波が襲い掛かるかのように見えるところから、波かぶり富士の別名もある。
　この絵は風景版画の代表作というべき「冨嶽三十六景」の一枚。葛飾北斎が70歳代に入ってからの連作であるが、富士山はどこから見てもほぼ同じ円錐形、それを36通りに描き分けて、最後まで買わせますという大胆な趣向である。飽きさせないための変化として、北斎は遠近法を駆使している。日本一高いはずの富士山が、駿河町では越後屋呉服店の屋根葺きの職人たちから見下ろされている。深川では富士山は万年橋の下で、そのはるか上を祭礼行列が通ってゆく。尾州不二見が原では、日本一大きいはずの富士山が職人の作る桶の中にちんまりと見える。奇抜さの極みとして富士山が海波をかぶりそうなこの絵がある。もちろん大きく画面いっぱいに赤富士を描いた凱風快晴もあるけれど。
　構図の面白さからこの連作は版木が擦り切れるほど売れ、36枚では終わらずに追加の10枚が出版されている。だから「冨嶽三十六景」は実は46枚あるのだ。

長寿で奇人、葛飾北斎

　浮世絵師のプライベートなどというものは、大概はわからないものだが、葛飾北斎はその長い生涯のうちに多様なタイプの絵を描いたことと、生活の奇矯さから話題に上ったとみえ、よく知られている。

　生まれたのは宝暦10年（1760）、生地は本所割下水、当時は葛飾郡だったので、この地名を後に筆名としている。19歳の時、役者絵で知られる浮世絵師の勝川春章に弟子入りし勝川春朗と名乗るが、やがて破門される。理由は不明だが、一説に他の流派の画法を学んだためという。

　そののち俵屋宗達にちなんで宗理と改名しているので琳派に入門したらしいが、この名前で知られるのは手描きのほっそりした美人画である。宗理風美女といえば、よくもまあ北斎のような変人に描けたものだ、とあきれるほど清純ではかなげで、北斎嫌いでもこれだけは好きという人もいそうだ。

　北斎はさらに壮年期に、読本の挿絵を精力的に描いている。特に滝沢馬琴の『椿説弓張月』の挿絵は、見開き両ページ一杯に描かれた爆発の放射状の表現や構図は現在の劇画よりも斬新なほどで、当時も大人気となっている。

　また北斎は巨大な絵も描いたという。57歳の時には名古屋で、見物人を前に120畳敷の大達磨の絵を1日で描いて見せるという興行を催したことが知られている。輪郭は俵を5つほぐして作った筆で描き、輪郭は弟子たちが朱の絵具を柄杓で撒き溜まったところを雑巾でふき取ったと記録され、名古屋では達磨の先生、略して「だるせん」と呼ばれたという。

　さらに普通ならとっくに引退してもよさそうな70歳代になって描き始めたのが、風景版画の「冨嶽三十六景」という新機軸だったのである。これが売れたので満足したかと思いきや、のちに歌川広重が「東海道五十三次」の連作を出して大評判を取ると、負けるもんかとばかりに、富士山を百通りに描いた三冊本の『富嶽百景』を出している。

　北斎の変人奇人ぶりには、多くのエピソードがある。あえて葛飾の田舎者と称して、荒い木綿の着物に袖なし半纏を引っ掛け、天秤棒を杖の代わ

りについた汚らしい格好で、出歩いていたという。掃除嫌いの引っ越し好きで、煮炊きはせず、その辺で買ってきた物を食べ、包みや皿はほったらかし、描き損じの紙とごちゃごちゃになって、いよいよ足の踏み場もなくなると引っ越したといい、引っ越しは生涯に93度に及んだとされる。

また絵の画号も頻繁に変え、古い画号は弟子に売りつけた。さきの春朗や宗理、北斎の他に戴斗、為一、卍老人など、変えたのは30回あまりという。名前を買った弟子もそれを堂々と自分の絵に書き込むので、鑑定時にはちょっとややこしいことになる。それにしてもひどいではないかと思うのが、娘でこれも絵描きのお栄につけた画号の応為（おうい）で、「おーい」と呼べば来るようにとも、当時流行の「オーイオーイ親父殿」という歌からつけたともいう。

北斎が死んだのは数えの90歳、画業からして充分すぎるではないかと言いたくなるが、本人は不満で、死に際して「せめてあと5年あれば真正の画工となれるのに」と嘆いたと、ものの本にある。

『北斎漫画（ほくさいまんが）』

もう一つ、よく知られているものに『北斎漫画』がある。名前に漫画なんてついているから、つい今のマンガのようなストーリー物かと思ってしまうがそうではなく、絵の描き方を学ぶための絵手本である。

なんだハウツー本かと侮るなかれ、動物や魚のいろいろから始まって、槍の試合や踊りのポーズ、たまには遊びで厠（かわや）のお侍と鼻をつまむ下男のようなギャグっぽい絵も挟むが、様々な波の形や、風をどのように表すかまで、今見ても充分、面白い。これも大人気で続編が次々と出版され、55歳頃から北斎の死後に出されたものまで含めると15編に及ぶ。

文章がないから誰が見てもわかる。古本を破いて輸出陶器の詰め物に使ったのを、フランスの画商が見つけ出して面白がったのが、ジャポニスムの始まりという説もある。

東海道五十三次（御油）

天保4～5年（1833～34）　歌川広重　竹之内保永堂版

メトロポリタン美術館

　風景版画で北斎のライバルといえば広重、北斎の絵が機知に富むならば、広重は現地の空気を感じさせるしみじみとした郷愁が魅力である。

　夕暮れの東海道、ゆるくカーブしながら奥へと延びる街並が、遠近法のお手本のように次第に小さく暗く消えてゆく。天と地、地平線の上下で色を変えて加えられたぼかしが、懐かしげな雰囲気をかもし出す。宿から漏れる光の中で通り過ぎようとする客を引き留めるのは飯盛り女。逞しい女に襟首をつかまれてじたばたする男は、コミカルでもある。横で様子を見る娘たち、上がり框では、旅人が草鞋を脱いで足を洗っている。

　広重は火消の安藤家出身なので、かつては安藤広重と書かれていたが、歌川派に属した絵師なので、今は歌川広重と呼ぶことが多い。継がなければならなかった火消職を親族に譲って、ようやく浮世絵に専念できるようになったのは30代半ば、そこで満を持して版行したのが、この保永堂版「東海道五十三次」のシリーズである。一本の道を53の宿場と出発点と終点、55通りに描き分けて飽きさせずに買わせますという、これも大胆な構想である。しかし季節や天候、時間や人物などを変化させて細やかに描き分け、情趣にも富むので大ヒットとなった。

　以後、広重は名所絵の名手とうたわれ、東海道の別バージョンや「木曽街道六十九次」、「名所江戸百景」など、数多くの風景版画を残している。

どうして風景画が

　北斎の「冨嶽三十六景」が刊行されたのが、天保2年（1831）から4年（1833）頃、広重の保永堂版「東海道五十三次」が天保4年から5年、歌川国芳（コラム参照）も（斬新すぎてあまり売れなかったが）この頃に風景版画を描いている。これまでの浮世絵版画に、風景なんて地味なものはそうそう出てこなかった。それがなぜ、19世紀になって急に売れ出したのか。理由は二つある。

　一つはちょっと重い出版規制の話である。浮世絵に対して、幕府は出版規制を設けていた。禁止の対象は、

・幕藩体制を批判するもの
・豊臣秀吉以降の武家を扱うもの（秀頼のことに触れられたくなかったか）
・社会的事件の報道や政治批判
・贅沢な出版物（金銀や高価な絵具を使ったもの）
・風紀を乱すもの（たとえば春画）

とされる。寛政2年（1790）には改印制度が設けられ、印刷前に版下絵を届け出て、許可した旨の改印をもらわなければ出版できなくなっていた。

　町娘の美人画に本人の名を書くことが禁じられたため、名前を絵で表した「判じ絵」が添えられると、これも寛政8年（1796）には禁止される。天保の改革では、さらに役者絵や美人画まで風紀を乱すものとされて出版できなくなる。いたちごっこの末、人物画で許可されるのは、面白みのない教訓や勧善懲悪などに限られてしまう。ならば安全な風景画に重点を置こうと版元が考えるのは、当然の帰結かもしれない。

　もう一つの理由はちょっと楽しい、旅行ブームである。江戸時代は建前として、旅行は禁止されていたはずだが、神社仏閣への参詣なら許可するという抜け道があって盛んになった。たとえば十返舎一九の『東海道中膝栗毛』は、お伊勢参りという名目の旅に設定されている。旅行が許されるとなれば、金銭的に無理そうであっても、地元以外の場所にも興味が湧く。

　そんなブームを下支えしたのが、『名所図会』ものである。『都名所図

会』に始まって、江戸末期には『東海道名所図会』や『江戸名所図会』などと、次々出版されている。各地の名所を図版付きで詳細に解説したものなので、さしずめ写真入り旅行ガイドブックというところだろうか。よくできたガイドブックが読むだけで行った気分に浸れるように、各地の『名所図会』は未知の場所への好奇心を満たす一方で、自分の住む街への関心をそそる媒体となった。

　風景版画もそんな旅ブームに乗って売れたわけであるが、ちょっと内緒の話をすれば、北斎も広重も、実際にすべての現地を見て描いたわけではないらしい。北斎は想像によって、広重には『名所図会』ものの挿絵から構図を変えて使った絵があることが指摘されている。『名所図会』は妙なところでも、役に立っているのである。

武者絵の国芳

広重が風景版画で売れたころ、武者絵で名を挙げたのが歌川国芳である。はじめ役者絵の歌川豊国に弟子入りしたが鳴かず飛ばずで、兄弟子の国貞が売れるのを横目に窮乏時代を過ごしたという。
国芳が爆発的な人気を得たのは「通俗水滸伝豪傑百八人之一個」シリーズからで、中国の梁山泊に集まる108人の盗賊というダークヒーロー達を、あでやかな刺青の格好いいポーズで描いたのである。その影響で江戸には刺青者が増えたとまでいわれ、実際、今でも刺青の図案には国芳の武者絵が使われているほどだ。
国芳は反骨の絵師であったといい、天保の改革で風紀を乱すとして役者絵が禁止された折には、役者を魚や猫や仏像に見立てた似顔絵にしたり、取締ぎりぎりの線を狙って「源頼光公館土蜘作妖怪図」のような風刺画を描いたりもしている。
国芳の武者絵は、今でも凧絵やねぶたの手本ともなっているが、三枚続きの画面いっぱいの鯨と戦う宮本武蔵といった奇抜な絵や、猫や金魚や鬼灯を擬人化した遊び絵もあって、今見ても面白い。

彫師と摺師
ほりしとすりし

　浮世絵で後世に名前が残るのは、北斎とか広重とか原画を描く絵師ばかりである。しかし浮世絵には、彫師と摺師の連携と技術が欠かせなかった。

　多色摺の場合はまず、絵師が墨で色のない下絵を描く。それをもとに彫師が輪郭線だけを彫った墨版を作って摺師が黒一色で摺る。これに絵師が色指定すると、彫師は色別に分けて版木を彫り、ずれぬよう隅に「見当」を付ける。摺師はそれぞれの色版がずれぬように、「見当」を目印として摺るのである。

　174ページの「御油」で、広重は背後に版元の名（竹之内版）を、宿泊客の名札として彫師と摺師の名を、そっと忍ばせた。新米絵師から関係者への、ちょっとしたお礼である。その効果あってか、この「東海道五十三次」では、手間のかかる暈しが一図に何箇所も使われ、しみじみ感をかもし出すのに役だっている。

歌川広重　東海道五十三次（御油）部分　メトロポリタン美術館

明治時代から（19世紀〜）
…新たなお手本

　これまで美術のお手本は、朝鮮半島と中国だった。明治時代には、全く違うお手本が、西洋から入る。絵画ならば、材料も、学び方も、描き方も異なる。さあどうする。

　西洋画をお手本としてゼロから始めたのが、洋画。従来の絵を西洋画と比べて再構築したのが、日本画。日本の絵画に二つの流れができた。

悲母観音

悲母観音
ひぼかんのん

明治21年（1888）　狩野芳崖
かのうほうがい

東京藝術大学

　慈愛に満ちあふれた眼差しの観音像である。けれども観音なら、日本絵画には他にもたくさんある、美しいものも、優しいものも。その中でなぜ、この絵ばかりよく教科書に取り上げられるのか。それは悲母観音が、東洋の伝統的な文化と、新たに流入した西洋文化との狭間で生まれた絵画であったからである。

　観音の姿や透けるヴェールが、狩野派が手本とした中国や朝鮮半島の観音図に基づくことは、狩野芳崖がそれまでに描いてきた観音図からも判る。画題に母とありながら胸に乳房がなく、微笑む口元に髭が描かれているのも、教義上は観音菩薩が男性で、出家前の釈迦をモデルとしていることに拠るものだ。

　西洋画の影響があることは、左下の岩山の立体感や、球体内の童子の正確な描写に見て取れる。芳崖はこの絵の制作にあたって、裸体女性のデッサンも試みている。けれどもより画期的なことは、その構想が芳崖の創意に基づいていることにある。芳崖は、西洋にもそれまでの東洋の思想にもなかった、胎児に命の水を注ぎ、この世に送り出す原初的な存在としての観音を創造したのである。

伝統と西洋文化の狭間で

その姓からもわかるように、狩野芳崖は江戸時代の主流であった狩野派に属している。長府藩の御用絵師の家に生まれ、長じては盟友の橋本雅邦とともに狩野派四天王の1人にも挙げられ、明治維新さえなければ、安泰に生涯を過ごしたかもしれない。しかし江戸幕府が崩壊し長府藩が廃されると失職し、困窮した芳崖一家は上京して陶磁器の下絵描きなどで日々の糧を得ていたという。

この当時、日本の美術は危機に瀕していた。今では美術品として国宝や重要文化財となっている仏像については、そもそも美術品であるという認識はなく、廃仏毀釈の思潮の中で信仰が薄れるとガラクタ扱いされた。また日本の絵は写実的な西洋の油絵に比べ、リアリティがない時代遅れのものとして注文は激減し、作品も二束三文で海外に流出していた（皮肉なことにその頃のヨーロッパでは日本美術が評価され、収集の対象となり、印象派の画家たちに刺激を与えていたのだが）。

このような状況を憂えたのが、アーネスト・フェノロサと岡倉天心である。お雇い外国人としてアメリカから来日し、東京大学で哲学や政治学を教えていたフェノロサは、美術の専門家ではなかったが、文明開化の中で日本特有の美術が失われつつある状況を目の当たりにし、弟子で通訳でもあった岡倉天心とともに、その消滅を阻止して、次代へと引き継げる画家を育成しようと考えた。この2人の眼鏡にかなったのが、芳崖である。

日本の絵に足りないのは写実と創造性であると、2人は考えた。狩野派は幕府の御用絵師としての長期にわたる安泰と引き換えに、実物を見て描くことと、新たなものを生み出すことを抑圧してきた。ならば今からでも芳崖に、写生と創意工夫を実践させるまでだ。2人は奈良京都への古美術調査旅行に芳崖を伴い、廃棄されつつある仏像をスケッチによって記録させた。西洋の陰影法や遠近法も、絵画写真の模写から学ばせたようだ。芳崖は子供ほども年下である2人の指導に従った。その結果、芳崖がサーカスの実物を見て描いたライオンは、かつての唐獅子図とは比べ物にならない

ほど、リアリティを持つことになった。

創造性のほうはどうなったか。芳崖は不動明王の背後にシャンデリアを描いてみたりと、いろいろ挑戦している。悲母観音も当初の構想では、西洋の聖母マリアにあたるような、東洋の母性的な存在であったらしい。スケッチブックには、裸体の天女像のようなデッサンも残っている。けれどもそれは結局、女性という形をとらなかった。性別を超越したかのような観音が、生まれる前を思わせる透明な球中の嬰児に命の水を注ぎかけるという、まったく新しい姿で表されたのである。

しかし芳崖には、こうして獲得した新たな日本画の資質を、次代へ引き継ぐ時間は残されていなかった。フェノロサと天心の働きかけで明治22年（1889）に東京美術学校（今の東京藝術大学）が開校されることになり、芳崖は教授就任が予定されていたが、開校の半年前に病死し、悲母観音は絶筆となった。

東京美術学校における日本画教育は、芳崖の貧窮時代からの親友であった橋本雅邦に引き継がれた。雅邦は初代日本画科教授として、横山大観・菱田春草・下村観山らの新しい日本画家を育成してゆくことになる。

円山応挙の写生画

ちょっと意外かもしれないが、京都では写生を重視した日本画が、東京より100年も早く始まっている。円山応挙（まるやまおうきょ）は当時流行した眼鏡絵（めがねえ）の制作を通じて西洋の遠近法を、中国の沈南蘋（しんなんぴん）の絵から写実表現を学び、写生画と呼ばれる立体的な花鳥画を描いて、京中の人気を博した。

応挙の写生画では、主要な花や鳥はリアルに描かれるが、背景はほとんど省略されてあっさりと仕上げられ、床の間に掛けても違和感がないような、程のよい写実に納まっている。

応挙の円山派と弟子の呉春（こしゅん）（松村月溪）の四条派は、明治維新後まで続き、円山・四条派の画家たちは、京都府画学校（現在の京都市立芸術大学）の設立に参画した。その教員の竹内栖鳳（せいほう）は、写生画にさらに西洋画の要素を取り入れている。

鮭
184

鮭
さけ

明治10年（1877）頃　髙橋由一　重要文化財

東京藝術大学

　原寸大の油絵、迫真の描写、力作には違いない。しかしなにしろ、対象が鮭である。ありふれた荒巻鮭だから、説明や記録のための絵でも、鑑賞して美しがったり感動したりするものでもなく、むろん信仰のためでもない。なぜ高橋由一は鮭などというものの描写に、渾身の力を込めたのか。

　鍵は、材質感にある。青カビがぽわっと生えた鮭の目玉、水気が抜けて皺が寄った皮の光沢、はがれた鱗のギラリとした光のリアルさは、油絵具ならではのものだ。日本にも活き活きと泳ぐ鯉の絵はあるが、塩鮭の皮の生々しさを伝統的な岩絵具で出すことは難しい。伝統的な日本の絵を学んでいた由一が、本格的に油絵を習おうと考えた動機は、西洋画の素材感にあったのではないか。

　暗い台所にでも掛けられれば、原寸大の鮭図は本物と見まがう。まだ写真が普及しない明治初期、新来の西洋技法による油絵は、「本物そっくり」であることが最大の価値であった。そこで由一やその弟子たちは、鮭のように写実的な静物画をしきりに描いている。本図はその中のとびきりの一匹、いや逸品である。

西洋画へのアプローチ

　高橋由一といえば鮭図、たいていの教科書に載っている。しかし、なぜ由一で鮭なのか。それは日本の絵師が西洋の油絵と出会い習得するまでの、明治初期の悪戦苦闘を象徴するものであったからだ。

　由一が生まれたのは江戸後期の文政11年(1828)、幼い時から絵を得意とし、当時の主流であった狩野派の絵師に入門して絵を学んでいる。ところが青年時代の由一は西洋の石版画を見てその迫真性に驚き、西洋画への転向を志して、文久2年（1862）に蕃書調所の画学局に入る。

　蕃書調所とは、ペリーの来航をきっかけに欧米諸国と和親条約を締結せざるを得なくなった幕府が、外交能力や軍事力の必要から設置した、洋学研究と教育目的の機関である。その中において画学局は芸術を目的とするのではなく、写実的な西洋画法を正確な情報伝達手段として習得するために設けられていた。

　しかし当時の画学局には西洋画を教えられる経験者はいず、油絵の画材もなかった。そこでオランダの書物を訳しては、日本画の顔料に荏油を混ぜて油絵具とし、古い刺身皿や灯明皿をパレットとし、漆を塗る篦や西洋包丁を工夫してパレットナイフに使うような有様であった。

　しびれを切らした由一は38歳の時、来日していた絵入り新聞『イラストレイテッド・ロンドン・ニューズ』の報道画家であるチャールズ・ワーグマンを横浜に訪ね、油彩の手ほどきを乞う。ワーグマンは教師ではなかったが、教え方が良かったのか、由一の熱意が実を結んだのか、急速に油絵の腕を上げてゆく。

　この頃の由一がぐんぐんと油彩技術を獲得してゆく過程は、たどっていても心地良い。由一は当時、豆腐や油揚げ、子供の教科書や反物、台所の魚介類のような日常的な素材を、油彩でひたすら緻密に描写し、その成果が後の鮭図に結実する。その迫真性は当時から評価されたのであろう、時代が明治に変われば民部省の吏生や大学南校の画学教官を務め、明治6年(1873) には画塾天絵楼を開いて、西洋画法を教授する。

明治9年（1876）、官営の工部美術学校が設置され、初めて本格的な西洋美術教育が行われることとなり、教師はイタリアから、彫刻はヴィンチェンツォ・ラグーザ、絵画にはアントニオ・フォンタネージが招聘された。あらためて入学できるものなら由一も通いたかったであろう、しかし入学資格には、15歳以上30歳以下という年齢制限がある。当時48歳の由一は自分のかわりに息子の源吉を通わせ、その父兄という立場から、フォンタネージに学んだという。

　このようにして明治初期、日本の絵師たちは西洋絵画の技術を短期間で習得し、油彩画の写実表現を自分のものとする。しかしその頃ヨーロッパでは、伝統的な油絵を革新しようとする印象派が、すでに台頭していた。この新たな潮流が日本にもたらされるには、次世代の黒田清輝の帰国まで、しばし待たなければならない。

江戸の洋風画

江戸時代に西洋画に接し、習得を試みたのは、由一が初めてではない。じつは江戸中期にも、洋風画の試みはあった。

享保5年（1720）、鎖国によって中断された西洋文化を摂取するため、キリスト教以外の洋書の輸入制限が緩和された。読めないオランダ文字よりまず目に入るのが絵、人々は挿絵の奥行や立体感に驚嘆したのである。この奥行感を真似できないかと、不正確ながら遠近法で風景描写を試みたのが初期浮世絵の奥村政信、浮絵と名付けて売り出すと、元祖3Dは偽物が出回るほど売れた。

平賀源内も見様見真似で西洋画を模写して秋田藩に売り込み、藩主の佐竹曙山や家臣の小田野直武は、疑似遠近法による秋田蘭画を考案する。手前の物を極端なアップで描いて遠近感を強調する描き方で、後に歌川広重が風景版画に取り入れ、その構図はフランスの印象派にまで影響を与えた。

より本格的なのが司馬江漢、オランダ語の技法書を読んだらしく、正確な遠近法による油絵や銅版画を制作している。

読書

明治24年（1891）　黒田清輝

東京国立博物館

　写真用語でいえば、逆光である。画面はかなり暗い。暗さに目が慣れると、鎧戸から漏れる光を拾うように、本を読みふける女性の姿が浮かび上がる。がっしりと張った肩は働き者らしく、顔立ちもやや武骨で優美とはいいがたい。手前からモデル側へ順光を当てて描く伝統的な西洋の肖像画の光線の使い方に拠らないため、うつむいた眼は光の輝きを反射せず、薔薇色の頬は陰に沈んでしまう。

　それでもほの白く浮かび上がる頬の輪郭線や、血の色が透けて見える耳たぶ、目元にうっすらと刷かれた紫の影は、若い女性の肌の透明感や産毛の柔らかさと息遣いを感じさせる。この生々しさは、順光による描写では得られない。黒田清輝は逆光による光の効果を自分のものとしたのである。この絵はフランス芸術家協会のサロンに入選し、ヨーロッパにおける黒田のデビュー作となった。

　逆光表現は黒田が女性を描くときの得意技として、日本に帰国した後もしばしば使われる。重要文化財の「舞妓」では、まぶしく輝く鴨川を背にした窓に腰掛ける舞妓を逆光で、これも重要文化財となった「湖畔」でも、芦ノ湖を背景に照子夫人を逆光気味に描いて、その柔らかな表情を出すことに成功している。

ミレー好きと印象派好き

　日本人はミレーと印象派が好きだ。そんなことないよ、と言うかもしれないけれど、セピア色のミレーの「晩鐘」とか、ルノワールの豊満で明るい裸婦像とか、言われれば何となく目に浮かんでくるのではないか。ひょっとしたらそれは明治時代、初めて日本人が教わった２種類の西洋画による刷り込みかもしれない。

　明治９年（1876）、西洋美術の教育機関として工部美術学校が開かれ、画学科にはイタリアからアントニオ・フォンタネージが招かれた。フォンタネージはミレーのような農村風景を描くバルビゾン派の影響を受けた画家で、この画風は生徒たちに素直に受容され、自身も懐かれていた。生徒の浅井忠らは、日本の農村風景を油絵でしみじみと表現し、西洋画はこのまま日本に根付くかに見えた。

　しかし健康を損ねたフォンタネージが帰国すると、生徒たちは後継の教師に反発して相次いで退学し、工部美術学校は明治16年（1883）に廃されてしまう。時代は急速な西洋化の反省期に入っていた。日本美術の再評価が提言されて明治22年に開かれた東京美術学校（今の東京藝術大学）には、西洋画科は設置されなかった。取り残された西洋画の画家たちは工部美術学校出身の浅井を中心に、在野の明治美術会を設立した。

　そんな時にフランス芸術家協会のサロン入選という肩書とともに華々しく帰国したのが、黒田清輝である。黒田は子爵黒田清綱の養子で、法律家を目指してパリに留学したが、パリで西洋画を学んでいた山本芳翠らに勧められ、画家志望に転向した。当時のパリでは、モネやルノワールら印象派（外光派）の評価が高まりつつあった。黒田が師事したラファエル・コランは、戸外での制作や逆光での描写といった印象派の要素を取り入れ、弟子の黒田も従来の西洋画とは異なる新たな光の表現を、吸収したのである。

　西洋画の沈滞を憂える明治美術会の面々にとって、フランス美術界のお墨付きも政治力もあわせ持つ黒田の帰国は、どれほど心強かっただろうか。しかし双方の作品を比べると、フォンタネージに学んだ農村風景と、黒

田の印象派的な女性像とでは、ずいぶん感じが違う。相違に気づいた人々は、工部美術学校系の油絵を旧派、またはセピア色の色使いから脂派と、黒田の油絵を外光派または新派、逆光の影が黒でなく紫や緑で描かれているところから紫派と呼び分けて面白がった。

　西洋画も話題になれば活気づき、新派と旧派と呼ばれて見比べられれば、どうしても新派のほうが有利になる。明治29年（1896）、黒田は明治美術会を脱会して白馬会を立ち上げ、同年、東京美術学校に西洋画科を開設する。黒田は東京美術学校で、写生や裸体デッサンによる新しい西洋画の教育を始める。

　西洋絵画史の中では、ミレーのバルビゾン派や印象派の出現は衝撃的であったのだが、日本では抵抗なく受け入れられ、現在までミレーや印象派は愛されている。あるいはそれは、工部美術学校でフォンタネージから教わったセピア色の農村風景や、印象派の影響を強く受けた黒田によって基礎が形成された日本の西洋画教育の遠い記憶が、今も生き続けているのかもしれない。

裸体画騒動

明治28年（1895）、第4回内国勧業博覧会に黒田清輝の「朝妝」が展示されたことに、非難の声が上がった。全裸の女性が描かれた「朝妝」のように猥褻な作品を公共の場に展示すべきでないという趣旨である。しかし黒田や審査総長の九鬼隆一は撤回せず、展示を続けた。

実は明治以前の日本では、混浴の銭湯が珍しくなかったように、裸には比較的寛容であった。しかしこれでは欧米諸国に恥ずかしいと、明治5年（1872）に裸体禁止令が出され、庶民の裸は取り締まられた。その中での博覧会への「朝妝」出品に、人々は異議を唱えたのだ。

しかし西洋画の習得に裸体デッサンが不可欠と考えた黒田は、騒動になるのを覚悟の上で、裸体画を出品したのである。当局も対応に困ったのであろう、次に黒田が裸体画を出品した時には特別室で展示させ、しかも天皇の観覧時には絵の腰から下を布で覆ったという。

黒き猫

192

黒き猫
くろきねこ

明治43年（1910）　菱田 春草　重要文化財
ひし だ しゅんそう

永青文庫

　「黒き猫」に、気合の入った作品という感じはない。菱田春草が文展に間に合わせるため、わずか5日で仕上げた作品ともいう。だからといって、見過ごしてしまうのはもったいない。ものすごい技巧がさりげなく使われているのだから。

　黒猫の輪郭は墨のにじみを用いたもので、撫でたくなるように柔らかな毛の感触を生み出す。対照的に柏の葉と幹は、琳派風に垂らし込まれた金泥と、重ねられた薄墨とで、ごわごわと堅そうだ。金泥は猫の目にも使われ、柏の葉と響き合う。背景も地面も描かれないが、地に落ちた柏の葉の向きと、上方にうっすら刷かれた金泥と下方の淡い墨だけで、柔らかな秋の日だまりを感じさせる。

　春草は新しい日本画を創造しようと、36年の短い生涯で試行錯誤を続けた。西洋画のように輪郭線のない山水画を描いては「朦朧体」と揶揄されたり、「賢首菩薩」図では線も面も絵具の点描で表して文展に落選されかけたり、金泥を使った装飾的で平面的な「琳派風」の表現を取り入れたり、「落葉」では地面や背景を描かずに、葉を落としかけた樹木の幹と落ち葉のみで奥行を表現したり。死の前年に描かれた「黒き猫」には、その悪戦苦闘がすんなり収まっているのだ。

日本画の青春、五浦時代

　日本固有美術の保存と振興を訴えるアーネスト・フェノロサと岡倉天心の働きかけによって、東京美術学校（今の東京藝術大学）は明治22年（1889）に、日本画・木彫・彫金の3科で開校した。天心は初代校長、フェノロサが副校長、狩野芳崖の盟友であった橋本雅邦が絵画科主任となり、第一期生には横山大観や下村観山、後輩として俊才の菱田春草たちが入学し、新たな日本画の創造を目指して師弟ともに励む。理想的な滑り出しであった。

　しかし天心のやり方には、性急で強引なところがある。例えば設立当初の東京美術学校に、あえて西洋画科は置かなかったように、美術教育の方法を巡る対立や、政治的な敵対関係も強まりついに明治31年（1898）、天心は東京美術学校校長を辞職させられる。これに抗議して橋本雅邦は教授職を辞し、雅邦の下で教員となっていた大観や観山、春草たちも行動を共にした。世にいう「美校騒動」である。

　野に下った天心たちは同年、新時代における日本美術の維持と開発を目的とする研究所として日本美術院を谷中に開設し、活動を始める。のちに第一回日本美術院展に出品された大観の「屈原」は、讒言にあって楚王から遠ざけられ絶望してさまよう屈原の姿に天心を重ね合わせた大作として、話題となった。しかし当時、天心の指導の下で「空気を描く方法」として大観や春草らが始めた、輪郭の筆線をなくした描き方は、筆線を日本画の命と見る従来の考えからは受け入れられず、「朦朧体」と揶揄されるばかりで、絵は売れなかった。

　明治39年（1906）、天心と大観・観山・春草・木村武山の4人は活動拠点を茨城県の五浦に移し、窮乏生活のなかで絵画制作にあたり、琳派表現の効果を研究したりして切磋琢磨し合う。世間からは「都落ち」と嗤われ、地元の漁村の安い魚も買えぬありさまで、自ら魚を釣って日々の糧を得たという。しかしそれは新しい日本画を目指す者たちにとって、最も充実した日々だったのではないか。

この研鑽の中から大観の「流燈」や観山の「木の間の秋」、春草の「賢首菩薩」、武山の「阿房劫火」と、それぞれの代表作が生まれた。次世代の画家、今村紫紅と安田靫彦もこの時期の五浦を訪れて、天心に学んでいる。しかし天心はボストン美術館に東洋部を設立するためにアメリカと日本を往復し、大観は自宅が全焼して、春草は病を得て帰京し「落葉」「黒き猫」などの作品を残して死に、五浦時代は終わる。

　指導者の天心は大正2年（1913）に病没するが、その翌年、天心の一周忌に大観・観山・武山らは日本美術院を谷中に再興する。同年秋には文展（文部省美術展）に対抗して、日本美術院再興記念展覧会を開き、これが（再興）院展の第一回となった。

　日本美術院は大観の亡き後、安田靫彦・奥村土牛・小倉遊亀・平山郁夫らが受け継ぎ、現在も毎年、（再興）院展を開催し続けている。

公募展のはじまり

　明治40年（1907）、フランスの官展であったサロンに倣って、日本にも官立の公募展が開設される。文部省美術展覧会（文展）であり、日本画・西洋画・彫刻の3部門で始められた。当初は岡倉天心の意向で門下生の横山大観らも審査員を務めている。

　しかし誰が審査員となるかで、作品の評価は変わる。革新的な大観らと従来の日本画家の間で確執が深まり、大正3年（1914）の文展審査員から大観は外され、下村観山も審査員を辞し、文展に対抗して（再興）第一回院展を開いたのである。西洋画部門でも同年、新しい価値を創造する在野の美術団体として、二科会が文展から独立して結成されている。

　その後、多くの美術団体が結成され公募展が行われるようになったが、文展も「帝展」「新文展」「日展」と名前は変わり、現在は民間団体となったものの、日本画・洋画・彫刻・工芸美術・書の各部門を以て毎秋、開かれている。

　公募展の流行により、絵の主題や形状も変化した。パトロンの邸宅の床の間を飾る穏健な主題の掛軸や襖絵ではなく、大観の「屈原」のように壮大な主題で、大型パネルや屏風による展覧会映えする作品が増えたのも、この頃からである。

麗子微笑

196

麗子微笑
れいこびしょう

大正10年（1921）　岸田劉生　重要文化財
東京国立博物館

　普通、妻だったら美人に、自分の娘だったら愛らしく描くものではないか。けれども岸田劉生の描く娘、麗子の像は可愛いと素直には思えない。写実ではあるけれども──それは執拗に描写された肩掛けの毛糸の編み目からだってわかる──不気味なのは、それだけでない何かがこの絵にあるからだ。

　劉生は、憧れるものをひたむきに模倣してきた。雑誌『白樺』の図版でゴッホに惚れればゴッホ風に、セザンヌに傾倒すればセザンヌ風に描く。後期印象派の次は、北方ルネサンスのデューラーに入れ込んだ。リアルな細密描写を真似て「切通之写生」を描き、さらには友人を捕まえてはモデルにして肖像画を描く。暗い背景で額と頬をてらてらと光らせ斜にかまえた半身像に、ドイツ風のサインと年号が入り、そのまんまデューラーの日本版である。

　やたら時間がかかるので友人たちに逃げられると、娘の麗子をモデルにする。デューラー風に、おかっぱと微笑が加わっているのは、エジプト美術とモナリザを重ねたのだろう。まるで麗子像をベースに、西洋美術史を追体験しているかのようである。

油絵と日本美人

　油絵と日本女性とは相性が悪いのだろうか、西洋人なら違和感なく描けていた人物像が、日本人がモデルになったとたん、妙に納まりが悪くなる。

　明治初期のこと、「鮭図」の高橋由一が、新吉原一の美女と言われた花魁の小稲を描くという。小稲は張り切って盛装してモデルとなったが、出来上がった油絵を見たとたん、あたしはこんな顔じゃないと泣いて怒ったという。たしかに小稲は美人であったろうし、写実的に描こうとする由一の気迫も伝わってくる。それでも「花魁図」を見ると、浮世絵では自然に見えていた白粉で白塗りした肌のテカリが、リアルな油彩ではグロテスクに見えてくる。

　フランスで絵を学び、フランス人をモデルにしてきた黒田清輝は、後に「女の顔」についての談話で、西洋の美の標準を日本人に応用して描くことの難しさをぼやいている。そのせいなのか、黒田の描く「舞妓」や「湖畔」の日本女性は半逆光に描かれ、顔の凹凸になった箇所の影は淡い紫や緑でソフトフォーカスのように柔らかい筆致でぼかされている。

　それでも体型だけはどうにもならないと思ったのであろう（なにしろ日本人女性の平均身長が145センチ程度の時代である）。1900年のパリ万国博覧会に出品された「智・感・情」では、日本女性の顔立ちながら裸体部分は西洋人の八頭身プロポーションに修正して描き、めでたく銀賞を受賞している。

　そんな黒田のそつのなさに抵抗を感じたのかもしれない、門下の萬鉄五郎は東京美術学校の卒業制作で、妻をモデルにした「裸体美人」を描いている。萬によれば「これはゴッホやマチスの感化のあるもので半裸の女が赤い布を巻いて鮮緑の草原に寝ころんでヘイゲイしている図」だといい、えらの張ったちょっと平たい顔で見下ろす鼻の穴が黒々と描かれ、体は胴長短足の典型的な日本女性の姿である。ことさら「裸体美人」と題されたこの絵を見る、黒田の苦い顔が目に浮かぶようだ。つけられた成績は19人中16番、優等生であった萬にしてはずいぶん低い点数をつけられたものだが、現在、この絵は萬のフォーヴィスム時代の代表作として、高く評価され

ている。

　同年の大正元年（1912）、斎藤与里と岸田劉生、高村光太郎らはヒュウザン会を結成し、萬鉄五郎もその第一回展覧会に参加している。劉生はここに後期印象派のセザンヌ風の絵を出品してデビューしたのであるが、その後デューラーに傾倒してゆき、他方、萬はさらに新時代のキュビスム的な方向へと展開し、両者の進路は再び離れたように見える。

　何枚もデューラー風の麗子像を描いたあげく、劉生の目は東洋に向かう。「デロリ」とした卑近な美に憧れ、浮世絵風の麗子像や、中国の画家顔輝風にニカッと不気味に笑った麗子像、本の装丁には淡彩でデザイン風のさらっとした麗子像も登場している。

　ところで萬鉄五郎も、その早すぎる晩年には、日本画や文人画の世界に足を踏み入れている。もしも劉生が38歳で、萬が41歳で病死しなかったら、どのように東西を融合させた美人画が登場したか、と思わずにはいられない。

萬鉄五郎　裸体美人（東京国立近代美術館）

『ブラック・ジャック』
(「ふたりの黒い医者」より)

昭和50年（1975）1月6日号『週刊少年チャンピオン』初出
手塚治虫　©手塚プロダクション

　「マンガは美術か」と聞けば、答えはさまざまであろう。けれども誰もが自分の答えを持っている、一度はマンガと関わったことがあるからだ。子供の頃は読んだ、今も読者である、新聞の四コママンガだけ、政治欄の一コマ漫画だけ読む、新聞は読まないがマンガ雑誌なら買う、実は自分も描いている、マンガとの関わり方によって、その定義も答えも変わってくる。
　現代の日本で一番よく見かける絵といえば、多分マンガであろうけれども、「娯楽だから」、「リアルでないから」、「印刷物だから」、マンガは美術ではないという意見も、出てくるのは当然であろう。
　もっとも、この本で日本美術として紹介した作品でも、同時代の人にとって特別扱いすべきシロモノでなかったものは結構ある。例えば浮世絵、あれも木版だから一点物でないことは、印刷物と同様である。歌麿の美人画や写楽の役者絵はたいしてリアルではないし、目的はピンナップやブロマイドにあたるのだから、娯楽である。当時の人にとっては飽きれば壁の穴ふさぎに使う程度のもの、その浮世絵が美術品扱いされるようになったのは、モネやゴッホたちが影響を受け、西洋で評価が高まったのがきっかけだった。
　マンガが美術か否かの答えは、まだ出たわけではない。これからの我々が、あるいは次世代の人々が、そこから何を得て、どのように評価するかによって、自ずから決まってゆくものであろう。

マンガと絵巻

　マンガが美術であるか否かはともかく、20世紀後半の日本において、マンガが大人の間にまで普及するようになった過程は、平安時代の後半から絵巻物が貴族の大人向けに発達した状況とよく似ている。

　マンガも絵巻も、はじめは字をよく読めない者のための補助手段として、絵を加えたものに過ぎなかった。そんなお子様向けのシロモノが急激な発達を遂げたのは、それを本気で面白がって批評する受け手が現れたことによる。20世紀でいえばマンガ評論家と呼ばれる人々、平安時代では11世紀の王朝文学の担い手の女性たちである。

　清少納言は『枕草子』の中で、「物語に美男美女と語られる主人公たちが絵になると、イメージ通りでなくがっかりする」と書いている。紫式部も『源氏物語』「帚木」の「雨夜の品定め」で登場人物の言葉を借りて、「見たこともない怪獣や鬼ではなく、日常的なものをいかに描くかで絵の上手下手が判る」と論じる（もっともこの見解は中国の評論の受け売りなのだが）。

　紫式部は『源氏物語』に「絵合」という、絵巻の出来栄えを競う架空の場面を想定する。天皇の前でライバルの妃同士が、絵巻を出し合って優劣を決めるというものだ。読者にはこれを面白いと思った者もいたのであろう、後に現実の行事として行われてもいる。批評や競争の対象にされるとなれば、絵巻の絵師も「しょせん子供向け」などと手抜きしてはいられない。気合を入れて、大人を対象とした辛口の作品へと方向転換する、そんな状況は批評家やマンガ大賞がある今のマンガにも共通するのではないか。

　さらに、肩入れするパトロンが現れる。マンガでいえば出版社と編集者にあたるが、12世紀でいえば、まず後白河法皇である。君子のすることではない、為政者のすることではないという非難の目をものともせず、絵巻を蓮華王院宝蔵に蒐集して自慢し、自らも制作を企画する。ここまで条件が揃えば、子供向けであったはずの絵巻も、大人を対象とした芸術作品へと成長するのである。

　もちろん12世紀の絵巻が、そのまま20世紀のマンガに繋がったわけで

はない。異時同図法や動きをあらわす線、声の線など、よく似た表現も少なくないのだが、それらは室町時代頃を最後に消え、江戸時代の絵巻には見いだせない。いったん、断絶してしまっているからだ。

　それでも、こんな大人げないものを大の大人が本気で寄ってたかって構ったあげく、大人の鑑賞に堪えるメディアに作り上げてしまう、そんな遊び心は、12世紀の日本も今も、変わっていないのかもしれない。

鳥獣戯画（ちょうじゅうぎが）

平安時代にも、「嗚呼絵（をこゑ）」というジャンルの絵があったらしい。『今昔物語集』では義清阿闍梨（ぎしょうあじゃり）が「只一筆二筆二書キタル」嗚呼絵が、「ヲカシキコトカギリナシ」と絶賛されている。「嗚呼」とは、アホとかおバカとかいう意味だからふざけた絵なのだろうが、実物の絵は残っていないので、どのようなものだったかは判らない。

そんな「嗚呼絵」をうかがわせる絵巻が、高山寺に伝わる「鳥獣戯画」だ。質の悪い再生紙に、色も付けず墨で輪郭線を描いただけの即興的な筆遣い、文章もなければセリフもない。火災でバラバラになった残りを継ぎ合わせたので、もう順序もストーリーも判らない。それでも動物たちが大喜びで水泳したり、相撲でズルをしたり、真面目くさって法要をしたりしているところは、今見ても面白い。

「鳥獣戯画」は、古くから戯（ぎ）れ絵の名手である鳥羽僧正（とば）の作といわれてきたが、当時は『今昔物語集』の義清阿闍梨をはじめ、嗚呼絵を描く絵師が結構いたらしいので、実際は誰の作品かも判らない。

そんな絵巻が人々を引き付け、挑発してきた。「鳥獣戯画」には後世、この絵に惚れ込んだ後世の人たちが自分なりにアレンジして描いた絵が、丙（へい）巻・丁（てい）巻として付随している。江戸初期の狩野探幽（かのうたんゆう）はこの絵を模写し、明治の河鍋暁斎（かわなべきょうさい）は文明開化を動物に託して風刺した。今だって、生ビールを飲むカエルとか、スマートフォンを使うウサギとか、おもむろに試食をするサルとか、「鳥獣戯画」の作者だったらどんな風に描くかと、つい想像してしまいたくなりはしないだろうか。

はじめての日本美術史　明治時代以降

近代日本に影響を与えた西洋の画派

近世までの日本の美術が中国や朝鮮半島の美術の影響を強く受けたように、近代の日本美術は、西洋のさまざまな画派の影響を受けることで始まった。どの派の影響を受けたかによって、同じ人の作品でもがらっと変わる。

- **バルビゾン派**　ミレーたちはパリ郊外のバルビゾンを拠点に、それまでの西洋絵画が見向きもしなかった農村風景と農民を描いた。工部美術学校教師のフォンタネージから浅井忠らへ。
- **印象派**　マネ・モネ・ルノワールらは従来の常識にとらわれず、絵画制作を戸外で行って、光の中で人々が実際にどのように見えるかを画上に再現しようとした。印象派の要素を取り入れた外光派のコランを通じて黒田清輝へ。
- **後期（ポスト）印象派**　ゴッホやセザンヌら。印象派から派生しそれぞれ独自の画風を生む。
- **フォーヴィスム（野獣派）**　強烈な色彩と激しいタッチで描くマチスやルオーたちを指す。
- **デューラー**　北方ルネサンスの写実的画家。

後期印象派以下の三者は雑誌『白樺』が取り上げ、岸田劉生や萬鉄五郎らが影響を受けたものである。ただし、まだ写真図版による紹介で、実物はほとんど見ていないはず。

岸田劉生表紙画　雑誌『白樺』100号
日本近代美術館

提供・協力者一覧

飛鳥園　P.12、P.32、P.40、P.43、P.58／京都国立博物館　P.66、P.69、P.102、P.114、P.122／公益財団法人美術院　P.94／田中眞知郎　P.54、P.62／一般財団法人奈良県ビジターズビューロー　P.8／奈良国立博物館　P.16、P.20、P.23、P.24、P.28、P.88／Image: TNM Image Archives　P.110、P.118、P.162、P.188、P.196／彦根城博物館／DNP artcom　P.146／Photo: MOMAT／DNP artcom　撮影:Ⓒ上野則宏　P.199

カバー表図版

右上：冨嶽三十六景(メトロポリタン美術館)
下左：毘沙門天立像(願成就院)
下中：三代目大谷鬼次の江戸兵衛(メトロポリタン美術館)
下右：快慶　地蔵菩薩立像(メトロポリタン美術館)

美術館で会えなくても

　この本では日本の美術のなかでも、ちょっと知っていると楽しい45の作品を取り上げた。これらの作品は、教科書の写真などで一度は目にしたものかもしれない。大人になった今、その写真をもう一度ゆっくり見て、エピソードを知ることで、作品との距離はもう少し近くなっただろうか。

　しかし、そこで美術館や博物館に行ってぜひ本物とご対面を、と気安く言えないのが、日本の美術のつらいところである。作品を所蔵する美術館や博物館に行ったとしても、いつも展示されているとは限らないからだ。これが堅牢な西洋の大理石彫刻や油絵ならば、事情は違う。例えばルーブル美術館のミロのヴィーナスやモナ・リザはいつでも展示されていて、行けば必ず見ることができるのだけれども。

　いつでも日本の美術を見るわけにゆかないのは、べつに所蔵者が出し惜しみをしているからではない。素材の問題なのである。金属製の仏像はともかく、日本の絵画の多くは、紙や絹のようなもろい素材でできているので、ずっと出しっ放しにしていると、それだけで傷んで色あせてしまう。だから絵巻や掛軸ならば、客が来るその場で開き、見終わったら元のように巻き戻して、外気から遮断する。屏風だって客が帰ってぴったりたためば、絵は全部内側に収まって外気に触れない。出しっ放しにしていなかったことで保存され、辛うじて現在まで伝わってきたのだ。

　だから国宝・重要文化財の公開は原則として年60日以内、傷みやすいものは30日以内、などという法律まである。期限を切られては仕方がない。ならば最も効果的な時期にと、たとえば光琳の「紅白梅図屏風」なら梅の時期、「燕子花図屏風」ならカキツバタの時期に公開される。熱海の美術館の外では梅まつりが行われ、燕子花図の公開の時期に、根津美術館の庭ではカキツバタの和菓子で茶席が開かれる。出しっ放しにできない作品をいつ見せるか、どの季節に掛けるかということも、文化の一端なのである。

見たいときに実物を見られないのは、もうどうしようもない。ならばあえて問う、美術鑑賞とは本物を見ることでしかできないのだろうか。
　写真だっていいじゃないか。特にここに載っている美術作品は有名だから、写真ならば本でもインターネットでも、目にすることができる。最近はいくつかの美術館や博物館では、インターネットで作品を自由に見ることができるようになっているし、寺院の中にはホームページに所蔵する仏像や仏画を、解説付きで載せているところもある。またそれとは別に、名品を自分なりにアレンジした、新しい作品を見かけることもある。
　仏像ならば混雑する現地とは違って、心ゆくまで一対一で対面することも可能だし、明るいところでアップの画像だって見ることができる。光琳の絵ならば、着物の帯の柄や重箱の図案として出会うことがあるかもしれない。そんな作品を見かけたら、旧知の人に再会したように「やぁ、また会ったね」と心の中で会釈するのもまた、立派な美術鑑賞ではないだろうか。
　この本の写真を目にしたことで、日常に使っているお椀や角皿や和柄の手ぬぐいにも、和菓子の包み紙や、広告や年賀状でも、ひょっとするとあれが元の絵なんじゃないか、と気付くことがあるかもしれない。
　ここに挙がった作品でなくても、同じ作者による別の作品や、同じ名前の別の仏像—たとえば観音菩薩像—を、展覧会や写真で見かけることもあるだろう。そんな時にぜひ、「へえっ、この人はこんな作品も描いてたのか」とか、「同じ観音像なのに、ずいぶん感じが違うなあ」とか、ちょっと思い出して比べてみてほしい。こうして美術との出会いは、さらに深まってゆく。
　一文の得にもなるわけではないけれど、そんなふうに普段の生活の中でいろいろな作品と出会って面白がれたら、日本の美術はもっと身近で楽しいものになるだろうと、私は思う。

著者略歴

山本陽子(やまもと・ようこ)

1955年東京都生まれ。早稲田大学大学院文学研究科(美術史)博士課程後期単位取得。博士(文学)。東邦音楽大学・明星大学・跡見学園大学・早稲田大学・東京純心女子大学・多摩美術大学・一橋大学大学院・お茶の水女子大学非常勤講師を経て明星大学教育学部教授。専門は日本中世絵画史。
著書に『絵巻における神と天皇の表現——見えぬように描く』(中央公論美術出版、2006年)、『絵巻の図像学——「絵そらごと」の表現と発想』(勉誠出版。2012年)、「聖なるものの誕生——見えない神々はどのように表され、隠されたか」(岩波講座「日本の思想」第8巻『聖なるものへ——躍動するカミとホトケ』岩波書店、2014年、共著)、『図像学入門——疑問符で読む日本美術』(勉誠出版、2015年)ほか。

はじめての日本美術史

2018年8月 5日　第一版第一刷印刷
2018年8月15日　第一版第一刷発行

著者　山本陽子
発行者　野澤伸平
発行所　株式会社　山川出版社
〒101-0047　東京都千代田区内神田1-13-13
電話　03(3293)8131(営業)　03(3293)1802(編集)
振替　00120-9-43992
https://www.yamakawa.co.jp/
企画・編集　山川図書出版株式会社
印刷所　半七写真印刷工業株式会社
製本所　株式会社 ブロケード

© 山川出版社 2018 Printed in Japan
ISBN978-4-634-15132-1

造本には十分注意しておりますが、万一、落丁・乱丁などがございましたら、小社営業部宛にお送りください。送料小社負担にてお取り替えいたします。
定価はカバーに表示してあります。